제2차 코인 전쟁

본게임은 이미 시작됐다. 더 거대한 파도가 덮쳐온다

THE 2ND COIN WAR

제2차 코인 전쟁

황태섭, 이현준 지음

트러스트북스

프롤로그

1886년 7월 3일, 독일의 작은 남부도시 만하임에서 인류 역사상 거대한 혁명의 시작을 알리는 한 사건이 일어난다.

37세의 베르타 링어(Bertha Ringer)라는 여자가 두 아들을 차에 태우고 만하임에서 포르츠 하임의 친척집까지 140여km를 운전하고 간 것이다. 당시 그녀가 몬 차는 남편인 '카를 벤츠(Karl Benz)'가 세계 최초로 발명한 가솔린 자동차 '페이턴트 모토바겐(Patent Motorwagen)', 말 그대로 최초로 '특허 받은 자동차'였다. 수랭식 1기통 958cc 엔진을 장착한 이 차는 0.8마력의 출력을 내며 엔진 회전수는 400rpm까지 가능한 2인승 차로 차체 무게는 250kg, 최대 시속 16km까지 달릴 수 있었다. 이는 사람이 뛰는 정도의 속도에 불과한 것으로 당시 말이 끄는 마차에 비하면 속도나 힘에서 형편없는 수준이었다. 이 차를 선보이자 만하임 지방

신문에는 '형편없고 볼품이 없는 벤츠 차'라는 혹평이 실렸다.

　19살에 대학을 졸업하고 사회에 진출한 카를 벤츠는 엔진 및 기계제작 회사를 다니며 엔지니어로서 경력을 쌓았다. 그는 27살의 젊은 나이에 자기 이름을 건 회사를 설립하지만, 프러시아 전쟁이 끝난 어수선한 경제 상황에 회사는 어려워졌고 동업자마저 그를 떠나고 말았다. 그러나 벤츠는 포기하지 않고 다시 회사를 세웠고 동업자들은 다시 회사를 떠나는 일이 몇 차례 반복되었다. 당시 증기기관을 이용한 자동차와 버스는 이미 개발되었지만 소음과 매연이 심하고 무거운 차체로 도로가 파손되는 등의 이유로 실패했다. 카를 벤츠는 증기 엔진이 아닌 가솔린 엔진을 장착한 자동차야말로 미래의 자동차가 되리라는 확신이 있었지만 그 길은 참으로 험난했다. 그런 역경을 거쳐 천신만고 끝에 탄생한 것이 바로 페이턴트 모토바겐이었다. 그런데 사람들은 저런 차가 무슨 마차를 대신하냐며 비웃고 신문에는 혹평이 실렸으니 벤츠의 속마음이 어떠했겠는가.

　사람들의 조롱과 비난에 지친 남편의 모습을 보다 못한 아내가 남편의 실력을 입증하기 위해 두 아들을 데리고 직접 그 차를 운전해서 몰고 간 날이 바로 1886년 7월 3일이었다. 이 날은 세계 최초로 가솔린 자동차를 시운전한 날로 역사에 기록되고 있다.

　증기기관을 개발해 세계 최초로 산업혁명의 시작을 알린 나라는 영국이었다. 그 덕에 영국은 '해가 지지 않는 나라'를 건설하고 전세계를 호령한다. 그러나 영국은 이후 진행된 가솔린 엔진을 통한 2차 산업혁명의 주인공이 되지 못하고 그 자리를 독일과 미국에 내주고 만다. 그렇게 해서 산업혁명의 패권을 내준 영국은 이후로도 3차, 4차 산업혁명의 중심에 다시는 서지 못하고 오늘에 이르게 된다.

 왜 그랬을까?

- 자동차는 반드시 기수 한 명이 타야 하고 기수는 붉은 깃발을 흔들며 자동차를 선도해야 한다.
- 말과 마주친 자동차는 정지해야 한다.
- 말을 놀라게 하는 연기나 증기를 내뿜으면 안 된다.
- 자동차는 시가지에서 시속 3km로 달려야 한다.

 지금 보면 코미디 같은 이 법규는 1865년 영국에서 제정된 자동차 규제법의 내용이다. 영국의 마차업자들이 자기들의 이권을 지키기 위해 정치권에 각종 로비를 해서 만든 법이다. 산업혁명을 일으키고 누구보다 혁신과 창의성, 실험정신을 존중했던 영국을 이렇게 퇴보시킨 것은 1차 산업혁명의 성공에 빠져 안주했던 안일함과 기득권 세력들의 탐욕이었다. 가솔린 엔진 혁명으로 시작된 2차 산업혁명은 그래서 독일과 미국이 주도한다. 그리고 그 원류를 거슬러 올라가면 카를 벤츠가 만든 보잘것없는 1기통짜리 엔진의 조악한 자동차가 나온다.

1973년, 모토로라에서 엔지니어로 근무하던 마틴 쿠퍼(Martin Cooper) 박사와 그 연구팀이 세계 최초로 휴대폰을 개발한다. 원천기술은 벨 연구소의 조엘 엥겔이 가지고 있던 것으로 일종의 카폰과 같았다. 쿠퍼 박사팀은 이를 차 밖으로 끌어내는 데 성공했지만 이 제품이 상용화되는 데 또 10년이 걸린다.

모토로라는 천신만고 끝에 1983년 최초의 상용 휴대전화인 다이나택(DynaTAC)을 출시한다. 하지만 이 휴대전화는 충전만 10시간이 넘게 걸렸고 정작 통화는 30분밖에 하지 못했다. 게다가 무게는 850g이 넘고 크기도 커서 마치 벽돌처럼 보였는데 출시 가격은 미화 3,995달러, 현재 가격으로 환산하면 약 9,410달러로 우리 돈 천 만원을 넘는 비싼 금액이었다.

세계 최대의 통신기업 AT&T는 당시 세계 최고의 컨설팅그룹 맥킨지에 모토로라가 개발한 이 휴대폰 시장의 전망에 대해 의뢰한다. 최고의 인재집단이라고 알려진 맥킨지의 컨설턴트들은 이 '비싸고 무겁고 불편한' 휴대전화의 사용자는 15년 뒤에 약 90만 명이 될 것으로 예측한다. AT&T는 이 결과를 바탕으로 '엔지니어들의 장난감'에 불과한 기술에 투자하기를 포기한다. 그러나 15년 후 실제 휴대전화 사용자는 얼마였을까? 무려 1억 8백만 명이 넘었다.

세상을 바꾼 혁명의 원류를 거슬러 올라가면 언제나 초라한 시작이 있었고 똑똑한 사람들의 비웃음과 조롱이 있었다. 1977년 켄 올슨(Ken Olson) DEC사의 회장은 "사람들이 집에서 컴퓨터를 원할 이유가 전혀 없다"고 했고 일본의 한 기업연구소 보고서에는 '삼성이 반도체를 할 수 없는 이유 5가지'가 조목조목 논리정연하게 나온다. 이더넷을 최초로 제안했던 하버드 박사 로버트 메트칼프(Robert Metcalfe)는 1995년에 "인터넷은 비참하게 붕괴될 것"이라고 발언한 것으로도 유명하다.

'남상(넘칠 람濫, 잔 상觴)'이라는 고사성어가 있다. 직역하면 '잔이 넘친다'는 뜻으로 중국에서 제일 큰 강이자 세계에서 세 번째로 큰 강인 장강(長江)에서 유래한 말이다. 무려 6,211km를 달려 중국 대륙을 동에서 서로 관통하며 남중국해로 흐르는 장강의 원류를 거슬러 올라가면 중국 서쪽 티베트 고원의 해발 5,000m에 달하는 고산(高山)이 나온다. 그 산의 꼭대기에서 시작된 물이 이 장강의 시작인데 그 물줄기가 워낙 작아서 겨우 잔을 넘치게 할 정도에 지나지 않는다는 데서 나온 말이다.

그렇게 졸졸 흐르는 물줄기가 6,211km를 달려 중국 대륙을 관통하고 결국 드넓은 바다까지 가리라고 누가 생각이나 할 수 있을까? 보잘것없는 물줄기가 어떻게 해서 큰 강이 될 수 있었을까? 지류(支流)들이 끊임없이 합류했기에 가능했다. 지류들이 합류하며 물줄기가 점점 커지면서 결국은 어마어마한 강이 되어 바다까지 가는 것이다.

세상을 변화시키는 혁명은 모두 남상의 원리와 같다. 처음에는 대중에게 손가락질 당하기도 하고, 똑똑한 사람들의 신랄한 비난을 받기도 하며, 때로는 '영국의 자동차 규제법'처럼 각종 법과 규제로 탄압도 받는다. 하지만 그렇게 초라하게 시작한 작은 변화가 결국 거대한 파도가 되는 것을 끝내 막아내지는 못했다.

블록체인이 만든 암호화폐는 지금 인류의 화폐 역사를 바꿀 거대한 혁명의 시작이다. 하지만 언제나 그래왔듯이 사람들의 조롱과 비난, 각종 규제의 역경이 있었고, 앞으로도 험난한 여정이 계속될 것이다. 하지만 결국에는 바다에 이르고 만 장강의 물줄기같이 우리 인류를 또 한 걸음 진보시키고 변화시키고야 말 것이다.

이 책은 그 물줄기에 합류하는 사람들에게 보내는 작은 응원이다.

차례

프롤로그   04

1장 코인워, 그 전쟁의 서막

새로운 역사적 분기점, 1971년   17

인류 최대의 발명, 돈   26

인플레이션과 베른하르트 작전   32

사기꾼이 만든 마법, 금본위제도   36

이자의 기원과 제로금리 시대   41

금본위제의 종말   46

강요화폐fiat currency 시대   49

2장 비트코인과 암호화폐의 탄생

새로운 화폐 발상지, 아프리카   59

9장짜리 논문과 비트코인   64

사이퍼펑크의 어깨에 올라선 비트코인   68

화폐 권력이 세상을 지배한다   72

글로벌 봉이 김선달   76

화폐 주권 시대를 연 비트코인   84

글로벌 코인 전쟁   92

코인 전쟁의 명운을 가르는 중요 변수   97

3장 코인 춘추 전국 시대

결국 살아남을 코인을 판별하는 기준　103

춘추일패, 비트코인과 아이들　109

춘추이패, 월드 컴퓨터 운영체제 이더리움　119

춘추삼패, 킬러 본능 이오스(EOS)의 출사표　128

춘추사패, 야누스의 얼굴, 리플(Ripple)과 스텔라(Stellar)　133

춘추오패, 비터리움을 꿈꾸는 퀀텀(QTUM)　138

전국일웅, 러시아판 이더리움 웨이브스(Waves)　143

전국이웅, 카지노에서 스마트계약으로 카르다노(ADA)　147

전국삼웅, 추적 불가 코인 모네로(XMR)　153

전국사웅, 비즈니스 닌자들을 위한 넴(NEM)　157

전국오웅, 사물 체인 플랫폼 아이오타(IOTA)　161

전국육웅, 탈중앙 콘텐츠 플랫폼 트론(TRX)　166

전국칠웅, 중국판 이더리움 네오(NEO)　171

다크호스 코인들의 은밀한 실험　175

암호화폐, 빙하기를 넘어 해빙기가 온다　179

코인 춘추전국 시대, 누가 중원을 차지할까?　184

4장 상상력과 가치의 시대

Stay hungry, Stay foolish   189

기술의 시대에서 가치의 시대로   193

4차 산업혁명이라는 기회와 위기   204

대한민국에 찾아온 마지막 기회   210

교육 그리고 호모소키우스   218

상상력과 신뢰가 만드는 가치 공유의 시대   225

에필로그   230

부록 코인 전문용어 격파하기   242

참고문헌   272

1장
코인워, 그 전쟁의 서막

"꿈은 실패했을 때 끝나는 것이 아니라
포기했을 때 끝나는 것이다."

리처드 닉슨

제2차 코인전쟁

새로운 역사적 분기점, 1971년

1971년은 대한민국 역사상 가장 많은 출생을 기록한 해로 1,024,773 명이 태어났다. 단군 이래 최다 출생기록으로 이후 우리나라 출생아 수는 꾸준히 떨어져 2017년에는 40만 명 선이 무너져 35만 명대라는 역대 최저 출생을 기록했다. 이런 추세대로라면 1971년은 한민족이 출현한 이래 역사상 최다 출생을 기록한 해로서 깨지지 않을 듯하다.

이 책의 필자 두 명 황태섭, 이현준과 이 책의 감수와 자문을 맡은 윤정우 세 명 모두 1971년에 태어난 돼지띠이다.

1971년생들은 국민학교 입학자 수 역시 역대 최고여서 교실은 그야말로 콩나물시루처럼 빽빽하게 아이들로 채워졌었다. 대학 입시에서도 치열한 경쟁을 해야 했고, 대학과 군대를 마친 대졸자들이 본격적으로 사회에 나온 1997년에는 IMF를 맞이해야 했다. 우리나라에 1971년생이 가장 많은 이유는 한국전쟁 이후 베이비붐 세대들의 결혼과 출산이 이어졌기 때문이라는 분석이다.

이렇듯 우리 한민족이 가장 많이 태어난 해인 1971년은 인류 역사에서도 매우 큰 의미 있는 사건이 있는 해이기도 하다. 1971년 8월 15일, 미국의 닉슨 대통령이 일방적으로 전세계를 향해 폭탄선언을 했기 때문이다. "앞으로 미국은 달러로 금을 교환해주지 않는다"는, '닉슨쇼크'라고도 불리는 이 선언으로 세계는 큰 충격에 빠졌고, 그 날로 인류의 화폐는 영원히 '금본위제도'와 결별하게 되었다.

그 전까지 국제 통화시장은 '브레튼우즈 체제'에 있었다. 브레튼우즈란 제2차 세계대전이 거의 막바지에 다다를 무렵인 1944년 7월, 전쟁을 일으킨 독일과 일본의 패배가 확실해질 즈음에 전후 세계 경제를 회복하고 금융질서를 확립하기 위해 미국, 소련을 비롯한 주요 연합국 44개국 재무장관이 미국 뉴햄프셔 브레튼 우즈에 모여 각국의 통화발행과 금융제도에 대한 회의 끝에 합의한 내용을 일컫는다. 이 합의의 주요 골자는 미국 달러화를 금본위제로 하여 금 1온스(28.3495g)를 미국 US 35$에 고정시키고 다른 나라의 통화를 달러에 고정시키기로 합의한 것이다. 즉, US 35달러를 가져오면 미국에서는 금 1온스를 지급하기로 하는 조건으로 당시 전세계 금보유량의 2/3이상을 보유한 미국이 달러를 책임지고 발행하기로 하고 다른 나라의 통화는 그 달러를 기본으로 하여 발행하기로 합의한 것이다. 따라서 각 나라가 발행한 통화 역시 달러를 통해 간접적으로 금을 보장해주는 금태환화폐의 속성을 갖게 한 것이 브레튼우즈 체제의 핵심이었다.

이로써 인류 역사상 최대 전쟁이라고 할 수 있는 제2차 세계 대전이 끝났지만 세계는 초강대국 미국의 달러를 기반으로 비교적 큰 혼란 없이 안정적으로 경제활동을 재건할 수 있게 되었다.

그렇게 1944년 1월부터 세계는 금을 가장 많이 보유한 미국을 믿고 그 미국이 발행한 달러를 기축통화로 하여 각 나라별로 화폐를 발행했다. 미 달러는 당시 세계 유일한 금본위화폐로 전면에 나섬으로써 세계의 기축통화 역할을 수행했다.

한 나라가 발행한 통화가 기축통화가 된다는 것은 무슨 의미인가? 자국의 화폐만 있으면 전세계에서 모든 필요한 물자를 사 올 수 있다는 말이다. 화폐란 무엇인가? 한낱 종잇조각에 불과한 지폐가 위력을 발휘할 수 있는 것은 필요한 물건으로 교환할 수 있을 때다.

짐바브웨 100조 달러 지폐가 우리나라 거리에 떨어져 있다고 가정하자. 100조가 찍혀 있다 한들 우리나라에서는 커피 한 잔 살 수 없는 종이쓰레기에 불과하다. 하지만 미 달러라면 얘기가 달라진다.

이렇듯 미 달러가 기축통화가 되면서 미국은 전세계 유일한 초강대국으로 우뚝 서게 된다. 그럴 수 있었던 데에는 미국이 당시 세계 금 보유량의 80% 이상을 갖고 있었고 그 금을 기반으로 달러를 찍었기 때문이다. 언제든 달러를 갖고 오면 그만큼의 금으로 교환해주겠다는 약속이 있었기 때문에 기축통화 역할을 할 수 있었다.

그렇게 전세계 국가를 상대로 금태환 화폐이자 기축통화로 자리매김한 지 30년도 채 되지 않은 27년 만에 미국이 일방적으로 금 태환을 중지하겠다고 선언한 것이다. 그러니 전세계가 충격을 받는 건 당연했다. 그러나 어느 누구도 미국의 이런 일방적인 선언에 맞서 항의하거나 조직적으로 연합하여 대항할 엄두조차 내지 못했다. 만약 다른 나라가 이렇게 세계를 향해 약속을 일방적으로 깨고 폭탄선언을 한다면 가만있지 않았을 것이다. 강력한 경제제재를 한다는 둥, 전쟁을 선포한다는 둥 맞대응했을 것이다. 하지만 상대는 초강대국 미국이 아닌가? 세계는 그야말로 찍 소리 못하고 미국의 선언대로 따를 수밖에 없었다. 깡패도 이런 깡패가 있나 싶었을 것이다. 이렇게 해서 전세계의 모든 화폐는 금본위제와 영원히 결별하고 세계는 법정화폐의 시대를 맞게 된다.

법정화폐에 대해 이야기하기 전에 먼저 화폐에 대해서 간단히 살펴보자. 인류가 지구상에 출현한 이래 수많은 발명품이 등장했다. 인류 발전의 역사는 발명의 역사와 같다. 동물들이 타고난 신체기관이나 능력을 기반으로 지금까지 진화를 거듭하며 생존해 왔다면 인류는 수많은 발명을 토대로 지금까지 발전하며 생존해 왔다. 불의 발견, 문자의 발명, 바퀴의 발명 등 인류사에 획을 그은 수많은 발견과 발명이 있었지만, 인류 최고의 발명품은 돈이라고 볼 수 있다. 우리가 무슨 일을 바쁘게 준비하거나 열심히 일에 매진하다가도 식사 때가 되면 이렇게 말하고는 한다.

"자, 밥 먹고 합시다! 다 먹고살자고 하는 일인데."

'먹고살자고 하는 일'이라는 표현처럼 인류는 예나 지금이나 먹고살기 위해 열심히 살아왔다. 먹고살기 위해 하는 모든 일은 결국은 '돈 버는 것'으로 수렴된다. 사람은 태어나면서부터 잘 먹고 잘 살기 위해 교육도 받고 직업도 얻으며 가정도 꾸리고 자식도 교육시킨다. 결국은 '돈을 잘 벌고 잘 모으고 잘 물려주는' 것이 지상과제가 되고 말았다. 그러니 돈이야말로 인류가 만든 최고의 발명품이 아니고 무엇인가?

그렇다면 돈은 무엇인가? 돈이 왜 필요하게 되었고 금본위제를 왜 하게 되었으며, 금본위제가 무너진 1971년부터 지금까지는 왜 법정화폐 시대를 맞게 되었나? 향후 법정화폐는 어떻게 될 것이고 '코인'이라고 불리는 암호화폐 (국내에서는 가상화폐라고 불리지만, 암호화폐라고 부르는 것이 세계적인 추세이므로 이 책에서는 암호화폐 또는 그냥 '코인'이라고 칭한다)는 또 무엇인가? 등을 이 책에서 이야기할 것이다.

우리는 돈을 너무 당연하게 생각하고 쓰다 보니 돈에 대해 많이 안다고 생각하지만, 사실 돈의 실체와 본질을 잘 모르는 경우가 많다. 이 책에서는 돈의 역사부터 본질 그리고 앞으로 펼쳐질 코인이라 불리는 암호화폐에 대한 이야기를 하고자 한다.

미 100달러 지폐에 새겨진 인물은 벤저민 프랭클린(Benjamin Frankin 1706.1.17~1790.4.17)이다. 피뢰침을 발명한 과학자이자 발명가였고 미국 건국의 아버지들 중 하나로 미국 헌법의 초안을 작성한 정치인이자 외교관, 독립운동가, 언론인, 철학자 등 다양한 이력을 갖고 있다. 그가 남긴 유명한 말이 있다. "이 세상에서 죽음과 세금만큼 확실한 것은 없다(In this world nothing can be said to be certain, except death and taxes)."

인간의 삶에서 펼쳐질 다른 모든 것은 불확실해도 두 가지만은 확실한데, 사람은 언젠가는 반드시 죽는다는 사실과 사는 동안은 각종 세금을 내야 한다는 사실이다. 인간이라면 사는 동안 그 누구도 피해갈 수 없는 것이 바로 세금이다. 그래서 돈의 기원을 거슬러 올라가면 세금이 나온다. 세금 낼 일이 없다면 굳이 돈도 필요 없기 때문이다. 세금의 기원을 거슬러 올라가면 결국 국가가 나온다. 국가에 세금을 내기 위해 돈이 필요하고, 국가는 세금이 있어야만 유지가 가능하다. 국가를 유지하려면 무엇보다 치안과 외적 방어를 위한 군대가 필요하다. 안으로는 치안을 유지하여 국민들에게 안정적으로 생활을 보장하고 국가 전복세력을 방어할 수 있으며, 밖으로는 외세의 침략을 막아야 하기 때문이다. 이를 위해 기본적으로 필요한 것은 군인과 국가를 위해 일하는 노동자들, 즉 공무원들이다.

이 체제를 유지하려면 세금이 필요했다. 군인, 경찰, 공무원들이 먹고살 거리를 줘야 하니 말이다. 그것이 세금의 기원이다. 처음에는 쌀이나 곡식, 소나 양 등의 식료품과 생필품을 세금으로 걷다가 점점 화폐가 그 자리를 대신하게 되었다. 국가에서 주는 돈이 실물경제에서 유통되어야 그것을 급료로 받은 군인이나 공무원들이 살 수 있다. 그러기 위해서는 국가에서 지급하는 돈이 실제 가치가 있어야 일반 국민들이 그 돈을 받고 해당 물품을 건네줄 것이다. 그래서 초기에는 대부분 실물화폐였다. 곡식이나 옷감 또는 소나 양 등의 가축이 화폐의 역할을 했다. 우리나라도 조선 시대까지 쌀을 세금으로 거둬 관리들의 녹봉으로 지급했다가 금이나 은, 구리, 청동 등의 금속화폐로 대체되었다.

광물을 캐내서 주조하는 일은 일반인들이 쉽게 할 수 없었고, 쓰임새가 광범위했기에 금속은 그 자체로 가치를 지녔다. 또한 실물화폐보다 보관이나 휴대 등의 편의성과 균일화된 가치를 만들 수 있다는 점에서 금속화폐는 빠르게 실물화폐를 대체했다.

그중 전세계에 걸쳐 광범위하게 통용할 수 있었던 것은 무엇보다도 금화, 은화 등의 귀금속화폐였다. 국가는 금광, 은광 등을 국유화하여 금화나 은화를 발행했고 오랜 시간 사용했다. 그러다가 점차 지폐가 금속화폐를 대신했지만 국가는 그 지폐를 금으로 교환해 준다고 보증했다. 그것이 금본위화폐다. 바꿀 태(兌), 바꿀 환(換) 자를 써서 금태환화폐라고도 한다.

하지만 금본위화폐는 언제나 종말을 맞이한다. 금은 매장량이 유한한 데 반해 국가는 경제가 성장함에 따라 계속 돈을 발행해야 했기 때문이다. 그래서 야심차게 금본위제로 시작했던 모든 화폐는 실패했고, 1971년에는 전세계에서 금을 가장 많이 보유한 미국마저도 금본위제도를 포기하고 말았다. 이제 인류가 발행한 모든 화폐는 더 이상 금으로 교환하지 않는 화폐가 되었고 국가가 그냥 발행한 법정화폐를 믿고 쓸 수밖에 없게 되었다. 역설적이게도 닉슨 대통령은 "꿈은 실패했을 때 끝나는 게 아니라 포기했을 때 끝나는 것"이라는 명언을 남긴 것으로도 유명하다. 그 말대로 달러의 금본위제는 미국이 스스로 포기함으로써 그 끝을 맞이한 셈이다.

법정화폐는 영어로 'fiat currency'라고 쓰는데 이때 fiat는 '강제의, 강요하는, 일방적인' 등의 뜻이다. 쉽게 말해, 국가가 국민들에게 그냥 쓰라고 일방적으로 강요하는 화폐라는 말이다. 국가가 담보하거나 약속해주는 것은 하나도 없다. 그냥 국가가 '쓰라고 할 때'까지 아무 소리하지 말고 써야 한다. 더는 금과 연동하지 않는 미국 달러의 통화에 맞춰 각국이 울며 겨자먹기 식으로 찍어내는 종잇조각을 그대로 돈으로 믿고 사용하게 된 역사가 1971년부터 시작되었으니 50년이 다 되어간다. 따라서 1971년생의 일대기는 실체 없는 법정화폐의 역사이기도 하다. 그러다가 2008년, 미국 달러를 중심으로 이어져 온 전세계 법정화폐 시대에 커다란 충격적인 사건이 잇달아 터진다.

첫 번째는 2008년 9월, 리먼 브라더스 파산으로 상징되는 글로벌 금융위기이며 두 번째는 바로 그 다음 달에 발송된 한 통의 이메일이다. 2008년 발생한 글로벌 금융위기는 1971년 닉슨의 일방적인 선언으로 시작된 브레튼우즈의 종말과 그로 인해 세계 기축통화이면서도 마구잡이로 찍어낸 미국 달러 버블이 폭발한 서막이었다. 그 즈음 발송된 한 통의 이메일은 실체 없는 법정화폐에 맞선 새로운 화폐 시대의 도래를 알리는 서막이었다. 발신인은 '사토시 나카모토(Satoshi Nakamoto)', 내용은 '비트코인 : 개인 대 개인 전자 현금 시스템(Bitcoin: A Peer-to-Peer Electronic Cash System)'이라는 제목의 9장짜리 짧은 논문이었다.

그로부터 10년이 지난 2018년은 이제 저마다 생태계별로 기업이나 단체, 심지어 개인이 자유롭게 자기만의 화폐인 '코인'을 발행하는 시대에 이르렀다. 전세계에서 법정화폐를 가장 많이 제조하는 나라는 중국이다. 화폐 제조는 위조화폐 방지를 위해 첨단 기술이 필요해서 그동안은 영국이나 독일 등이 위탁 제조를 독차지했다. 홍콩의 사우스차이나모닝포스트(SCMP)에 따르면 영국의 화폐 제조업체 드라라(De La Rue) 사가 140개 국가를 고객으로 두고 있으며 독일 G&D(Giesecke & Devrient) 사가 60개국에 화폐를 수출하고 있다. 그런데 최근 중국 국영기업인 중국인초조폐총공사(CBPMC)가 세계 화폐 제조시장의 1/3을 차지한다고 한다. 태국, 방글라데시, 스리랑카, 말레이시아, 인도, 브라질, 폴란드 등의 화폐를 제조하는 것으로 알려졌다.

전세계에서 비트코인, 이더리움 등의 암호화폐를 가장 많이 채굴하는 나라 역시 중국이다. 중국은 비트코인의 최대 채굴국가이며 전세계 암호화폐 채굴 시장에서 가장 큰 영향을 끼치고 있다.

법정화폐를 세계에서 가장 많이 '찍어내는' 중국이 이제는 암호화폐도 세계에서 가장 많이 채굴하는 것이다. 인류가 새로운 화폐의 시대인 '코인의 시대'를 맞이함을 보여주는 단적인 사례다.

인류 최대의 발명, 돈

인류 최대의 발견은 불의 발견이라고 한다. 인간은 불을 다루게 되면서 다른 맹수들을 제압할 수 있는 힘을 얻었다. 그리스 신화에서 프로메테우스는 주신(主神) 제우스가 감추어둔 불을 훔쳐 인간에게 줌으로써 처음으로 인간 세상에 문명을 전수했다. 그만큼 불의 발견은 인류에게 큰 의미를 지닌다.

불을 다룸으로써 문명을 이룬 인류에게 그 다음으로 중요한 발명품은 무엇이 있을까? 흔히들 인류 최대의 발명품 중 하나로 '바퀴'를 꼽는다. 바퀴는 과학 기술사에서 가장 중요한 발명품 중 하나로 여겨지며 심지어 신이 내려준 선물이라는 찬사를 받기도 한다. 종이나 문자도 인류가 만든 최고의 발명품이라고들 말한다.

그런데 돈이 인류 최대의 발명품이라는 말은 들어본 적이 없다. 돈이 과연 발명품일까? 사실 돈이야말로 인류가 만든 최고의 발명품이다. 돈은 인류의 역사와 함께 시대마다 모양과 형태만 달라졌을 뿐 오늘날까지 널리 사용되고 있다. 지구상의 모든 사람이 돈을 벌기 위해 살아가고 있으며 돈이 없으면 생활 자체가 불가능하다. 아마존 밀림의 원시 부족이나 아프리카 원주민들의 원초적 생활 모습을 방송을 통해 볼 때가 있다. 저들은 돈이 없어도 생활할 수 있겠구나 싶지만, 정작 그들도 방송 출연을 대가로 돈을 요구한다는 것을 알고 씁쓸한 웃음을 지은 적이 있다.

어쩌면 이 세상에 사는 모든 인간은 평생을 돈을 벌기 위해 사는 것일지도 모른다. 그러니 돈이야말로 인류 최고의 발명품이라 할 수 있지 않겠는가?

4차 산업혁명으로 인류는 커다란 변화의 시대를 맞고 있다. 그 변화의 중심에 블록체인이 있으며 블록체인이 만들어낸 혁명적인 시스템 중 하나가 바로 '코인'이라고 하는 암호화폐(Cryptocurrency)다. 흔히 가상화폐라는 용어와 함께 사용하고 있지만 블록체인 기술 기반의 전자화폐를 말하는 경우라면 암호화폐라는 표현이 더 정확하다.

세상을 바꾸는 4차 산업혁명은 우리 인류의 돈을 새롭게 변화시킬 것으로 전망된다. 돈이 바뀌면 사회가 바뀐다. 그만큼 돈은 우리 삶에 막대한 영향을 끼치는 힘을 지니고 있다. 돈 때문에 살아가고 돈 때문에 목숨도 잃기도 하고 돈 때문에 자기 목숨까지 버린다. 인류가 발명한 것 중에 모든 사람이 평생을 걸쳐 목숨을 걸게 하는 것이 돈 말고 또 있을까?

원시시대에는 모든 것을 자급자족하면서 생활했다. 그러다 농업혁명을 통해 정착생활을 하면서 식량을 저장하기 시작했다. 이후 생산력이 향상되면서 남은 식량이나 물건을 서로 교환하게 되었다. 물물교환의 탄생이다.

처음에는 서로 필요한 물건을 교환하며 생활했다. 따라서 인류 최초의 돈은 물건 그 자체였다. 황소, 곡식, 조개껍질, 소금, 향신료 등 온갖 종류의 물건이 돈으로 이용되었다. 이를 상품화폐라고도 한다. 그중 쌀이나 보리, 밀 등의 곡식은 매우 유용한 돈으로 쓰였다. 이를 곡화(穀貨)라 하는데 지구상에서 가장 광범위하게 사용한 화폐였으며 지금도 사용하는 화폐이기도 하다.

황소도 돈으로 널리 쓰였다. 라틴어로 돈을 '페쿠니아(Pecunia)'라고 하는데 가축이라는 뜻의 라틴어 '페쿠스(Pecus)'에서 온 말이다. 황소를 셀 때는 머릿수로 세는데 라틴어로 머리는 '카푸트(Cáput)'다. 영어 단어로 자본을 뜻하는 '캐피탈(Capital)'의 어원이 바로 이 황소의 머리를 뜻하는 '카푸트'다. 자본주의의 중심인 미국 뉴욕의 월가에 '황소 상'을 세운 것도 이것과 일맥상통한다.

오늘날 요금이라는 뜻의 영어 단어 '피(fee)'도 가축이라는 뜻의 게르만어 '피후(fihu)'에서 유래된 것으로 추정한다. 이처럼 인류는 처음에는 곡식과 더불어 가축, 그중에서도 소를 교환 대상이자 자산의 평가 수단으로 사용해 왔다.

소금도 화폐로 사용되었는데 곡식, 가축과 더불어 생명 유지를 위한 필수 자원이었기 때문이다. 주로 고대 아시아나 아프리카에서 소금을 화폐로 사용했고, 로마시대에는 군인의 급료이기도 했다. 월급 받는 직장인을 일본식 영어로 '샐러리맨'이라고 하는데 급료를 뜻하는 샐러리(salary)가 소금(salt)에서 온 것은 주지의 사실이다.

고대 수메르인들은 조개를 화폐로 사용했고 고대 중국인들도 그랬다. 그래서 한자에는 돈과 재물을 뜻하는 글자에 '조개 패(貝)' 자가 많이 들어 있다. 재화나 상품을 뜻하는 '화(貨)', 물건을 사고판다는 뜻의 '살 매(買), 팔 매(賣)', 가격을 뜻하는 '값 가(價)'에도 '조개 패'가 있다.

화폐는 물물교환의 비효율성을 없애고 가치의 보조 수단으로서 오랜 세월을 버텨야 했고 여러 지역에서도 통용돼야 했다. 또한 간편하게 소지가 가능해야 했으며 작은 단위로 나누어 지불할 수 있어야 했다. 소를 잘라서 지불할 수는 없지 않는가? 그리고 신뢰할 만한 동일한 가치가 있어야 했다. 같은 소라도 건강한 소가 있고 허약한 소가 있으며 같은 쌀이라도 비옥한 토지에서 잘 자란 최상품의 쌀이 있는가 하면 쭉정이가 가득하고 벌레 먹은 저질 쌀이 있을 수 있기 때문이다.

그러다 보니 인류는 금속 가공술을 익히면서 금이나 은, 청동 같은 금속을 화폐로 만들어 사용하게 되었다. 내구성과 휴대성, 동일 가치 유지, 채굴과 주조의 희소성과 난이도 면에서 금속이야말로 화폐로 자리 잡기에 최적이었다. 고대 이집트에서는 BC3,000년경 이미 금을 화폐로 사용했다고 한다.

약 4천 년 전, 오늘날 이라크 지역인 고대 바빌론 왕국에서 발견된 점토판에는 "이를 소지한 자는 추수 때 일정량의 보리를 받는다"는 내용이 나온다. 또 다른 점토판에는 만기가 되면 소지자에게 일정량의 은을 준다고 명시돼 있다. 이 바빌론 점토판은 화폐 대신 사용된 최초의 유물로 평가받고 있다. 그런데 이 점토판이 의미를 갖는 이유는 여기 기록된 내용이 오늘날 우리가 통용하는 약속어음의 속성과 일치하기 때문이다. 사실상 우리가 오늘날 쓰는 돈은 이런 약속어음 개념이 점차 발전한 것이다. 점토판 자체가 가치 있는 것이 아니라 거기 담긴 미래의 '약속'이 돈의 역할을 한 것인데, 우리가 사용하는 돈도 국가에서 그 지급을 약속하는 일종의 약속어음과 같다. '약속'과 '믿음'를 기반으로 통용되는 것이 화폐의 속성이며 이는 고대에서도 마찬가지였다.

인간이 발명한 돈은 '약속'과 '믿음'을 기반으로 한 새로운 개념의 교환 매개체이다. 약속과 믿음을 거래의 수단으로 활용하게 된 것이 오늘날까지 이른 것이다. '신용'이라는 영단어 '크레딧(credit)'이 "믿음을 보이다"는 뜻의 라틴어 '크레도(credo)'에서 유래된 것처럼 신용이란 서로에게 믿음을 보인다는 의미이다.

고대 메소포타미아에서 발명된 이 신용 거래가 오늘날까지 내려오며 인류 역사상 가장 중요한 발명품이 되었다. 인간이 사는 데 필요한 것은 돈 그 자체가 아니다. 돈은 일상생활을 영위하는 데 필요한 재화와 서비스로 교환하는 매개체일 뿐이다. 음식과 옷, 집과 자동차, 여행이나 놀이 등으로 교환할 수 있어야 돈은 의미 있을 뿐, 그럴 수 없으면 돈이 아니다. 인류는 생존을 위해 필요한 재화와 서비스를 얻는 수단으로 돈을 발명했고 돈은 신용을 기반으로 한 발명품이다.

인플레이션과 베른하르트 작전

대표적인 서민 음식 짜장면은 1960년에는 불과 15원이었다. 10년이 흐른 1970년에는 약 13배 넘게 올라서 200원이 되었다. 그로부터 10년이 지난 1980년에는 또 4배가 올라 800원, 1990년에는 약 2배가 뛰어 1,500원, 2000년에는 3,000원으로 또 2배가 올랐다. 현재는 5~6천 원이 넘으니 꾸준히 오르고 있다.

동일한 짜장면 가격이 시간이 갈수록 오르는 이유는 돈의 가치가 떨어지고 있기 때문이다. 열심히 일해서 돈을 모아도 실물 가치의 상승을 따라갈 수 없는 이유가 바로 여기에 있다. 그러니 현금을 모아두기만 하면 시간이 흐를수록 손해다. 특히 시중에 돈이 급격하게 풀리면 실물 대비 돈의 가치가 급격히 떨어진다. 이것을 '인플레이션'이라고 부른다. '부풀어 오른다'는 뜻의 라틴어 '인플라레(Inflare)'에서 온 말이다. 부풀어

올라 속이 텅 비어있는 빵을 '공갈빵'이라고 하는데, 물건 값이 터무니없이 올라 가격이 한없이 높아졌지만 정작 속이 텅 빈 공갈빵 같은 상태가 인플레이션이다.

급격한 인플레이션이 생기면 돈의 가치를 못 믿게 되고, 결국 가치 없는 휴지조각이 되어버리고 만다. 아프리카 짐바브웨에서는 수 조 달러의 지폐 다발을 갖고 가야 계란 한 알을 살 수 있는 형편이다. 마트에 들어가서 계란을 들고 계산대에 가는 동안 가격이 계속 오른다는, 웃지 못할 소리가 있을 정도다. 돈에 대한 믿음이 없어져 휴지조각이 된 상황. 사실상 경제가 붕괴한 것이나 마찬가지다. 돈에 대한 믿음을 잃어 버리면 경제가 붕괴되고 나라가 망할 수 있다는 것은 역사적으로도 증명되었다.

제2차 세계대전 당시, 독일은 '베른하르트' 작전을 시행한다. 최고 책임자였던 나치 친위대원 장교 '베른하르트 크뤼거(Bernhard Kr□ger)'의 이름을 딴 이 작전을 위해서 특공대원도, 공수부대원도 아닌 특별한 인물들이 대거 차출된다. 이 작전에 투입된 인력은 대부분 아우슈비츠 수용소에서 차출된 유대인이었다. 화가, 동판조각사, 식자공, 석판인쇄사, 인쇄업자, 미용사 등 총 142명이 투입된다. 죽음의 수용소로 악명 높은 아우슈비츠에서 빠져나올 수 있었던 운 좋은 이들은, 결과적으로 이 작전 덕에 전쟁에서 살아남는다.

이 작전의 목표는 영국에 위조지폐를 대량으로 유통시키는 것이었다. 위조지폐가 범람하면 진폐와 구분하기 힘들기 때문에 국민들이 자국의 화폐를 더 이상 신뢰하지 않게 된다. 화폐에 대한 믿음이 깨지는 순간, 엄청난 인플레이션이 발생하고 자국 화폐는 제 구실을 하지 못한다. 결국 경제가 파탄 나서 더는 전쟁을 수행할 수 없게 되어 패망한다는 논리에서 비롯된 작전이었다.

독일은 1942년부터 1945년까지 작센하우젠 강제수용소의 비밀 인쇄소에서 무려 900만 장이 넘는 위조지폐를 찍어냈다. 1억 3400만 파운드가 넘는 거액으로, 영국에서 유통되는 파운드 화폐의 13%에 해당하는 엄청난 분량이었다. 이 위폐가 얼마나 정교했던지, 1943년 영국 중앙은행 관계자들이 처음 발견했을 때 이제껏 발견된 위조지폐 중 가장 위험한 지폐라고 말했다.

나치 정권은 이 위폐를 비행기로 투하하려 했다. 만일 이 작전을 수행했다면 적국의 비행기가 폭탄이 아닌 대규모 돈다발을 뿌려대는 장관을 연출했을 것이다. 적기의 출현에 공포에 떨던 영국민들이 수없이 쏟아지는 지폐에 환호하는 장면이 펼쳐졌을지도 모를 일이다. 하지만 공군의 반대와 연료부족으로 이 작전은 좌절되었다.

이후 나치는 영국에 간첩을 침투시켜 은밀하게 위조지폐를 유통시키려 했지만 영국 정보국이 먼저 눈치 채는 바람에 결국 베른하르트 작전은 실패하고 말았다. 만일 이 작전이 성공했더라면 어쩌면 세계 역사는 달라졌을지도 모른다.

화폐를 교란시켜 한 나라를 패망시키겠다는 아이디어는 독일이 처음이 아니다. 오히려 영국이 먼저였다. 18세기 영국은 프랑스 혁명을 진정시키기 위해 대량의 위조지폐를 프랑스로 밀반입했고, 비슷한 시기에 미국을 상대로 위조지폐 제작에 나섰다. 미국 독립전쟁이 시작된 1775년, 당시 미국의회는 영국과의 독립전쟁 자금을 조달하기 위해 역대 최초로 전미(全美) 통합화폐인 '콘티넨털(Continental)'을 발행했다. 미독립전쟁은 당시 영국 식민지였던 미국의 13개 주가 영국으로부터 독립하려는 목적이었고, 영국은 이를 무력화하기 위해 콘티넨털 화폐를 대량으로 위조하여 미국에 마구 뿌려댔다. 결국 콘티넨탈은 화폐로서 기능을 상실하고 소멸하고 만다. 독립전쟁을 막아내지는 못했지만 화폐를 무력화시키는 데는 성공한 셈이다.

소련의 독재자였던 레닌은 "자본주의 체제를 붕괴시킬 수 있는 가장 좋은 방법은 통화를 파괴하는 것"이라고 했다. 전쟁 없이 한 나라를 망하게 하는 데에는 화폐를 무력화하는 것만큼 확실한 방법도 없을 것이다.

사기꾼이 만든 마법, 금본위제도

화폐는 태생부터 지금까지 인플레이션을 수반해 왔다. 특히 오늘날처럼 금본위제가 폐지된 지폐시대에는 인플레이션이 필연적으로 발생할 수밖에 없다. 최초의 지폐는 중국에서 종이가 개발되면서 시작되었다. 6세기 중국 상인들이 거래 수단으로 종이를 사용하기 시작했는데 동전을 찍어내려면 금속이 필요하고 주조도 어렵지만 종이는 사용이 편리했기 때문이다. 교역할 때 물건을 담보로 맡겼던 상인들은 종이를 사용하면서 물건의 가치를 명시하기만 하면 간단하게 거래할 수 있게 되었다.

단순한 종이가 아니라 물건의 실질 가치를 보장한다는 점에서 실물화폐의 성격을 지녔고, 상대에 대한 신용과 믿음을 기반으로 거래하기에 약속어음의 성격을 지녔다. 이때 사용한 종이어음을 비전(飛錢)이라고 불렀는데 말 그대로 '날아다니는 돈'이라는 뜻이었다. 비전은 이름만큼이나 멀리 날아 아랍상인들에게 전달되면서 유럽에까지 갔다. 유럽에서 사용한 어음의 시초는 중국의 비전이었던 것이다.

종이에 적은 어음성격의 화폐는 물건으로 교환이 가능한 실물화폐 개념의 시초가 되는데 훗날 금으로 교환해주는 금태환화폐 탄생의 기반이다. 금본위제도에서는 지폐 발행처에 가면 '해당 금액의 금'으로 교환할 수 있다는 보증서의 역할을 하고 있었다. 일종의 '금 보관증 또는 교환증'인 것이다.

금본위제의 원류를 거슬러 올라가면 1700년대 영국 스코틀랜드 출신으로 프랑스에서 활동한 사람이 나온다. '존 로(John Law)'라는 이름의 인물로 그의 아버지 윌리엄 로(William Law)는 금 세공사였다. 그는 자신에게 금을 맡기는 고객들에게 금 보관증을 영수증으로 주었는데, 사람들은 이 영수증을 금 대신 화폐처럼 시중에서 사용하기 시작했다. 종이 영수증은 보관이나 휴대가 편했기 때문이다. 일정 금액을 나눠서 여러 장의 영수증으로 분할하여 발행해줄 수도 있었다.

존 로는 아버지에게서 금 보관영수증이 금보다 편리하게 화폐처럼 사용되는 것을 배웠고 심지어 금 세공업자가 실제 보관하는 금보다 더 많은 영수증을 발행해서 사용해도 사람들이 잘 모른다는 것을 알게 되었다.

존 로는 타고난 도박꾼에 사기꾼 기질이 다분한 사람이었다. 고향인 스코틀랜드에서는 결투를 벌이다 살인을 저지르고 도망자 신세가 되어 유럽 전역을 떠돌아다녔고, 도박판을 전전하다 사기를 쳐서 도망 다니기 일쑤였다. 그러다 암스테르담에서 은행경영을 공부하였고 화폐에 관한 책을 여러 권 저술했다. 29살에 이미 자신의 책에 '악마의 화폐체계'에 관한 내용을 쓴 그는 마흔 살이 된 1710년 영국으로 돌아와 은행 개혁안을 제출했으나 거절당한다. 그는 아버지를 통해 금 보관 영수증을 실제 보관하고 있는 금보다 더 많이 발행할 수 있다는 것을 알았고, 그 영수증을 더 많이 발행하면 경제가 활성화된다고 생각했다. 또한 일개 금 세공업자가 아닌 국가가 그 지급을 보장하는 화폐를 발행하면 경제가 활성화될 수 있다고 주장했다.

영국에서 자신의 주장이 받아들여지지 않자 그는 1715년 프랑스로 건너간다. 당시 프랑스는 루이 14세가 증손자인 루이 15세에게 왕위를 물려주고 사망한 때였다. '태양왕'이라 불린 루이 14세는 "짐(朕)이 곧 국가"라고 할 만큼 절대왕정 시대를 열었는데 여러 차례의 대외전쟁과 화려한 베르사유 궁전의 건축과 사치 생활 등으로 프랑스 재정이 거의 파탄에 이른 상태에서 왕위를 물려주고 사망했다. 이때 존 로가 루이 15세에게 자신이 프랑스의 경제를 살리겠다고 자처한 것이다.

루이 15세는 1716년 존 로에게 은행 설립 허가를 내주었고 이 은행이 바로 최초의 지폐발행은행인 '뱅크 제너럴(Bank Generale)'이다. 존 로는 은행권을 발행하며 언제든지 그 가치만큼의 은으로 교환해준다고 약속했다.

그러나 사실 그에게는 발행된 은행권 전액을 돌려줄 만큼의 은도 없었고 예금도 없었다. 그는 아버지에게서 배운 대로 '은행권을 가지고 있는 사람들이 동시에 은으로 교환해달라고 요청하지만 않는다면 실제 은보다 몇 배나 많은 은행권을 찍어낼 수 있으며, 아무 문제가 되지 않을 것이다'고 확신했다. 어찌 보면 황당하기까지 한, 사기꾼이나 생각할 법한 이런 개념이 바로 오늘날의 금융 및 화폐 체계의 근간이다.

이후 존 로의 활약상은 따로 책을 한 권 내야 할 정도로 화려하다. 1716년에 설립한 뱅크 제너럴은 상당한 흑자를 내고 2년 만에 '뱅크 로얄(Bank Royale)'로 승격해 국영화된다. 국왕이 정식으로 은행권의 가치를 보장하며 국가가 조폐권을 갖게 된 것이다.

존 로는 1716년 뱅크 제너럴과 같이 설립한 서방회사 루이지애나회사를 1717년에 '서인도회사(Compagnie d'Occident)'로 발전시켜 식민지 자원을 약탈하는 독점권을 소유했고, 1720년 프랑스 재무장관이 되면서 은행과 서인도회사를 합병, 조폐권과 무역독점권에 대한 '존 로 체제'를 확립했다.

하지만 재정적자를 메우기 위해 지폐 발행을 남발하다가 결국 인플레이션이 발생하여 경제공황을 일으키고 만다. 은행과 무역회사는 파산했고 그는 시민들의 분노를 피해 재무장관을 사직하고 이탈리아 베네치아로 도망가서 가난하게 죽었다. 결국 프랑스는 1720년 다시 금과 은을 지불수단으로 돌려놓았다. 존 로의 은행권 지폐 발행 시험은 불과 4년 만에 실패로 막을 내린 것이다.

하지만 역설적이게도 그가 세상에 처음 내놓은 은행권 제도는 오늘날까지 살아남아 금융제도의 기반이 되고 있다. 이것이 지급준비금 제도다.

지급준비금이란 은행이 전체 예금액 중 현금으로 보유한 돈을 의미하는데, 우리나라의 경우 법정 지급준비율은 7%다. 어떤 은행이 1천만 원의 예금을 보유하고 있다면 이중 7%인 70만 원만 보관하고 나머지 930만원은 대출해줄 수 있다는 것이다. 그런데 여기서 끝나지 않는다. 대출한 930만원 역시 은행이 받을 수 있는 돈이기 때문에 여기에서 다시 93%를 또 대출해줄 수 있다. 이런 식으로 계속 대출하면 원래 예금보다 10배가 넘는 돈을 운용할 수 있다. 실제 돈의 10배가 넘는 대출이 시중에 풀리는 것이다.

이것이 오늘날 대부분의 나라에서 시행 중인 금융제도의 모습이다. 결국 현대 사회는 미래의 소득을 빚으로 가져다가 소비하는 사회, 빚으로 움직이는 사회이며 그러기 위해 화폐를 마구 찍어댈 수밖에 없다. 어쩌면 인플레이션은 현대 사회 유지에 꼭 필요한 연료인 셈이다.

이자의 기원과 제로금리 시대

오늘날 현대인들이 가장 많이 쓰는 화폐는 신용카드다. 현금 대신 사용하는 것이 바로 '신용'이다. 신용을 담보로 카드도 만들고 은행에서 대출도 받는다. 자신이 운영하던 회사가 부도가 나거나 빚을 갚지 못하면 '신용불량자'가 되고, 그러면 경제 활동을 할 수 없다. 그만큼 신용이란 현대인에게 필수 요소가 되었다. 그렇다면 이 신용은 어떻게 만들어지고 '거래'되는 것일까?

우리가 사용하는 '신용'은 은행을 통해 일어난다. 이 원리를 이해하기 위해 앞서 얘기한 존 로의 아버지, 금 세공업자의 이야기를 살펴보자.

중세 유럽의 금 세공업자들은 큰 금고를 지어놓고 경비까지 세우며 금을 지켰다. 마을 사람들도 자신의 금을 보관하기가 점차 힘들어지자 금 세공업자들에게 약간의 사례를 하고 금을 금고에 보관해달라고 요청했다. 금 세공업자들은 금을 맡았다는 증거로 고객들에게 증명서를 써주었다. 사람들은 이 증명서 자체가 금을 대신하는, 아주 가볍고 편리한 거래 수단이 됨을 알았다. 이것만 있으면 언제든지 금을 찾을 수 있으니 증명서로 물건도 사고팔고 계약도 맺는 것이다.

금을 전부 찾아가는 사람이 거의 없다는 사실을 알게 된 금 세공업자들은 자신이 보관하는 금보다 더 많은 증명서를 발행해서 집도 사고 땅도 사면서 부를 축적하기 시작했다. 그러자 금을 맡긴 사람들은 그들이 자신들의 금을 몰래 팔아서 돈을 버는 것인지 의심하게 되었다. 이들은 금 세공업자를 찾아가 금고를 열어서 금이 실제로 있는지 확인해달라고 요구했다. 그러자 금 세공업자는 이들이 당장에 모든 금을 찾아가지 않도록 하기 위해서 금을 맡긴 소정의 대가를 지불하기 시작했다. 이는 예금 이자의 기원이 되었다.

금세 공업자들은 자신이 실제 보유한 금보다 몇 배나 많은 증명서를 발행하면서 부자가 되었고 이런 상술은 상류층의 용인 속에서 점차 합법적으로 굳어져갔다. 돈이 필요했던 귀족이나 왕족들도 금 세공업자를 공격하는 대신 금전적인 편의를 제공받고 이를 묵과하는 방향으로 법을 만들고 제도도 정비했기 때문이다. 이것이 바로 오늘날 은행들이 고객 예금액을 1/10만 비축해두고 대출할 수 있게 하는 역사적 근거가 되었다.

중앙은행이 화폐를 발행하여 일반 은행에 빌려준다. 은행은 자금을 필요로 하는 기업들에게 이자를 받는 조건으로 빌려준다. 돈을 빌린 기업은 직원들의 월급으로 지불하기도 하고 사업에 필요한 장비를 구입하거나 부지를 매입하기도 하고 공장을 짓기도 한다. 이렇게 사용된 돈은 다시 은행으로 들어간다. 은행은 이를 다시 다른 기업이나 개인에게 대출해준다.

이러한 과정이 반복되면서 숫자상으로 존재하는 돈의 양은 급격히 늘어난다. 이론적으로 10배까지 늘어날 수 있으며 이를 신용화폐라고 한다. 대출을 많이 할수록 은행의 이자 수입이 늘어난다. 시중에 늘어난 돈은 다양한 기업의 사업 자금 및 개인의 생활비로 사용되면서 점차 경제 규모가 늘어나는데, 이것이 '경제 성장'이다.

중앙은행은 기준 이자율을 통해 전체 돈의 양을 조절한다. 이자율이 높아지면 돈은 은행으로 더 들어오고 낮아지면 시중에 더 풀리는 식이다. 은행은 돈을 빌려줄수록 더 많은 수익을 내기 때문에 기업과 개인들에게 계속 빚을 권한다. 이러한 은행의 수익 창출과 투자를 통해 성장해야 하는 기업과 개인의 욕구가 맞물리면서 경제 성장을 만들어 가는 것이다.

기업들(또는 다양한 경제 주체들)이 외부로부터 빚을 조달하여 다양한 사업이나 경제활동을 통해 새로운 가치를 창출하고 그렇게 얻은 수익으로 빚도 갚고 이자도 갚고 다시 새로운 투자 자본으로 사용하면 별 문제가 없이 경제는 풍요로워지고 성장한다.

하지만 사업을 진행하다 보면 반드시 실패하는 경우가 생기며 원금을 되돌려 받을 수 없는 부실 채권이 발생한다. 또한 빚은 새로운 수익을 만드는 투자로만 사용되는 것이 아니라 지출이나 소비로도 사용되어 결국 더 많은 빚을 필요로 하게 된다. 그뿐 아니라 거시적인 관점에서 경제 성장에 따라 풀린 돈의 양이 점점 더 많아지고 시간이 갈수록 돈의 가치는 점점 떨어진다.

은행 돈이 시중에 풀리는 기본 원리가 대출 시스템이라면, 대출이 가능하게 하는 것은 이자 수입이다. 은행이 대출을 하는 이유는 이자 수입을 얻기 위해서다. 현대 경제 시스템의 근간에는 이렇듯 은행 대출과 그것이 가능하게 만드는 이자가 존재한다.

하지만 이런 시스템이 자리 잡기 전에는 이자를 받는 것을 죄악시했다. 아리스토텔레스(Aritoteles)는 이자는 돈이 돈을 낳는 것이므로 자연법칙에 위배된다고 했고 중세시대 신학자인 토마스 아퀴나스(Thomas Aquinas)는 이자를 금지하는 교회법을 제정했다. 종교 개혁자인 마르틴 루터(Martin Luther)는 이자 받는 사람을 도둑이나 강도와 같다고 비판했다. 이렇듯 이자를 받는 고리대금업은 죄악시되었다.

나라를 잃고 전세계를 떠돌아다녀야 했던 유대인들은 정착할 땅이 없으니 어쩔 수 없이 고리대금업에 뛰어들었고 그래서 온 유럽인들에게 멸시를 받아왔다. 셰익스피어의 희극 〈베니스의 상인〉에 등장하는 악덕 사채업자가 유대인 '샤일록(Shylock)'인 것도 그 배경이다.

국가가 중앙은행을 통해 은행권을 발행하고 대출을 통해 경제가 돌아가는 현대의 경제 시스템에서 이자는 현대 경제를 움직이는 연료다. 그런데 이 이자가 점점 떨어지고 있다. 최근 30년간 전세계적으로 실질

금리가 하락하는 추세이며, 이제는 제로 금리에 가까운 저금리 시대다. 예전에는 은행에서 지급하는 금리가 꽤 높았기에 어느 정도 목돈을 마련해서 예금해두면 이자 수입만으로도 생활이 가능했지만, 이제는 그러기 불가능하다.

전문가들은 이에 대해 다양한 견해를 내놓는다. 벤 버냉키 전 연방준비제도이사회 의장은 '글로벌 저축 과잉(global savings glut)'을 꼽았는데 인구 고령화로 세계 선진국 경제가 노후 대비를 위한 저축 모드로 돌아섰기 때문이라고 분석했다. '구조적 장기침체(secular stagnation)'라고 주장하는 의견도 있다. 세계 경제의 성장이 한계에 도달하면서 투자가 감소했기 때문이라는 것이다. 여기에 신경제위기, 2008년 부동산 위기, 유로 위기 등 2000년대 발생한 금융 위기도 금리 하락을 부추겼다고 분석한다.

많은 기업들이 리스크는 피하고 부채와 투자를 줄이며 안정성을 추구하는 것도 금리 인하 요인으로 꼽힌다. 돈은 인플레이션으로 인해 갈수록 그 가치가 떨어지는데 금리는 낮아져서 은행에 돈을 맡겨도 손해인 세상, 경제 리스크는 갈수록 커지고 있다.

금본위제의 종말

존 로에 의해 처음 프랑스에서 은행권으로 선보인 화폐는 '개념적으로는' 금본위제도(gold standard system)의 시초다. 하지만 실제 은으로 교환할 능력이 없는 상태에서 교환해준다며 발행했다는 점에서 사기에 가까웠고 결국 실패했다.

이후 금본위제도를 제대로 정립한 곳은 존 로의 고국인 영국이었다. 역사를 통틀어 금은 가장 중요한 화폐수단이었다. 각 나라의 화폐와 상관없이 물건 값을 지불하기에 좋으며 전세계 어디에서나 가치를 인정 받기 때문이다. 1816년 영국이 최초로 금본위제도를 채택하면서 금은 화폐 역사에 중요한 자리를 차지하게 된다. 영국 중앙은행이 금을 보유하면서 파운드화를 금으로 교환해주는 제도가 금본위제도의 시작이었다.

18세기에 산업혁명을 일으키며 전세계 산업의 중심이 된 영국이 최초로 금본위제도를 채택하자, 영국 파운드화는 금을 대신하여 세계 무역의 중심에 전면으로 나서게 되었고 세계 무역의 60%를 영국 파운드화가 장악했다. 자연스럽게 파운드화는 세계 무역의 기축통화가, 런던은 세계 금융시장의 중심이 되었다.

금본위제도에서는 함부로 지폐를 찍어낼 수 없다. 보유한 금의 양을 초과하는 지폐를 발행했다가 고객들이 돈을 금으로 바꿔달라고 하면 안 되기 때문이다.

하지만 1차 세계대전을 겪으면서 금본위제도는 서서히 무력해졌다. 전쟁 비용을 마련하기 위해 각 나라들이 보유 금과 상관없이 돈을 마구 찍어댔기 때문이다. 자칫하면 나라가 패망하게 생겼는데 금 보유량에 맞춰 지폐발행량을 조절할 여유가 없었다. 결국 영국이 먼저 1914년 금본위제 포기를 선언했고, 종전 후 세계는 1929년부터 1933년까지 대공황을 겪으며 다시 한 번 경제적 혼란을 겪는다. 그러면서 자본주의와 제국주의, 이에 반기를 든 공산주의의 대립 등 복합적인 이념 문제와 전후 해결되지 못한 각 나라의 경제 문제들이 폭발하면서 세계는 다시 2차 대전의 소용돌이에 휩쓸리고 만다.

1차 대전과 이어진 대공황 그리고 대공황이 채 수습되지 못한 상태에서 벌어진 2차 대전으로 세계 경제는 그야말로 쑥대밭이 되고 만다. 독일과 일본의 패배가 거의 확실해진 상황에서 '브레튼우즈 회의'가 열리고, 달러를 중심으로 한 금본위제도가 부활한다. 이를 통해 미국 달러는 세계의 기축통화(基軸通貨, key currency)로 자리매김하며 국제외환시장에서 금융거래와 국제 결재를 위한 통화로서 지위를 굳건히 하게 된다.

금본위제도의 기본은, 미국에서 발행하는 달러는 미국에서 보유한 금의 양을 초과할 수 없다는 개념이었다. 하지만 미국은 1960년부터 1975년까지 무려 15년에 걸쳐 베트남 전쟁을 치르면서 엄청난 군사비를 지출하게 된다. 또한 존슨 행정부는 대규모 사회간접자본 건설을 추진한다. 막대한 비용을 들여 대규모의 전쟁을 치르고 대규모의 사회간접자본 투자를 하게 되자 미국은 엄청난 재정적자가 발생하였고 이를 막기 위해 대규모로 달러를 찍어내게 되었다. 달러를 마구 찍어대자 당연히 달러가치는 하락하게 되고 다른 국가들이 무더기로 금태환을 요구하는 지경에 이르게 되었다. 급기야 닉슨대통령은 1971년 8월 15일, 금태환을 중지한다고 선언하게 된 것이다. 세계 화폐 역사에서 금본위제도는 끝나게 되고 금태환화폐가 종말을 맞는 순간이었다.

강요화폐fiat currency 시대

우리가 대한민국 중앙은행에서 발행한 돈을 당연하게 생각하고 아무 의심 없이 사용하게 된 것은 고작 몇 십 년에 불과하다. 일제 강점기와 6.25 같은 고난과 질곡의 근현대사를 겪은 우리의 특수성 때문만은 아니다. 화폐 역사를 살펴보면 오늘날의 화폐 체제 확립은 그리 오래된 일이 아니다.

일본은 12~17세기에 이르는 500여년 동안 북송의 황송통보, 원풍통보, 명나라의 영락통보 등 중국 돈을 화폐로 썼다. 그러다 1601년 에도 막부에서 금화, 은화, 동화 등을 만들어 유통하기 시작하면서 중국화폐를 대신하게 되었다.

그런 일본도 똑같은 금속화폐의 역사를 밟는다. 점점 금 함유량을 줄이면서 저질화폐 즉 악화(惡貨)를 만들어 재정적자를 메운 것이다. 1695

년 금 함유량을 절반을 줄인 고반(小判)을 만들었다가 1706년, 1711년 계속 금 함유량을 줄인다. 고대 로마처럼 금속화폐의 인플레이션이 일어나 결국 화폐가치는 떨어지고 1837년에 이르러서는 도금만 한 금화를 고반이라고 찍어내는 지경에 이르렀다. 1858년 에도 막부는 프랑스, 미국, 영국 등과 불평등한 통상조약을 체결하는데 이를 악용한 교묘한 외국 자본에 의해 무려 70톤의 금이 일본 밖으로 유출된다. 당시 70톤의 금은 무려 국부의 75%에 달하는 엄청난 양이었다. 100년 전인 메이지 유신 초기에도 각 한(藩)에서 제각각 금화, 은화, 동화, 한사츠(藩札,각 쇼군이 권력을 장악한 각 지방에서 자체 발행한 지폐)등을 발행해 매우 혼란스러웠다.

1871년 일본 정부는 '신화조례(新貨條例)'를 제정하여 금 1.5g을 1엔으로 하는 금본위제를 도입한 신화폐를 발행하여 화폐 제도를 개혁하고자 했다. 일본 전역의 국립은행 153곳에서 발행권을 허용하여 수많은 화폐가 난립하였다. 1882년 일본은행이 설립되어 다이코쿠사쓰 라는 지폐가 유통되었고 1899년에 153곳의 국립은행 발행 은행권은 모두 무효화되었다. 일본 국민들은 열심히 일해서 모아놓은 돈이 한순간에 휴지조각이 되어버리는 일을 경험한 것이다.

이후 일본이 새롭게 발행한 은행권은 처음에는 금본위제를 따랐다. 이때 발행된 지폐에는 "금과 교환합니다"라는 문구가 명기되어 있었지만 1931년 일본은 금본위제도를 포기한다. 1945년 8월 15일 일본의 항복 선언으로 2차 대전이 막을 내리고 일본 정부는 이듬해인 1946년

화폐개혁을 단행하여 오늘의 엔화에 이른다. 현재 일본인들이 사용하는 지폐는 1946년에 탄생한 것이니 이제 70년이 넘었다.

1948년 미국은 오키나와에 류큐 열도 미국민정부(United States Civil Administration of the Ryukyu Islands)를 발행 주체로 해서 일본 엔화와는 다른 별도의 엔화를 발행했다. 오키나와가 미국 영토라는 것을 분명히 하기 위해서였다. 이 오키나와 엔화는 10년간 명맥을 유지하다가 1958년 폐지되었다.

이처럼 독립된 화폐 발행권을 갖는 것은 일종의 주권을 빼앗는 것을 의미한다. 일본 역시 전쟁 중에 점령지역 화폐를 무력화함으로써 경제를 장악하는 수법을 썼다. '군표(軍票)'를 통해서였다. '군표'란 말 그대로 군대가 발행한 통화대용 화폐다. 군표는 1차 세계대전 때부터 대량 발행되었는데 독일이 점령지에서 발행한 것이 대표적인 예이다. 이후 2차 세계대전 중에는 독일, 미국 그리고 일본 등에서 군표를 발행했다. 일본은 침략한 여러 국가에 대동아전쟁군표를 발행하여 해당 국가의 화폐를 무력화시켰다. 필리핀의 현지 화폐를 거둬 군표로 교체했고 타이완, 홍콩, 미얀마, 말레이시아, 인도네시아, 싱가포르, 브루나이, 파푸아뉴기니, 솔로몬제 그리고 우리나라에서도 군표를 강제로 사용하게 했다. 홍콩에서는 홍콩화폐 사용을 금지하고 군표만 화폐로 인정했다. 군표는 금으로도, 엔화로도 교환되지 않았고 자연스레 경제는 일본군의 손아귀에 들어갔다. 그러나 일본이 패전하고 철수하자 군표는 바로 휴지조각이 되었다.

초강대국인 미국의 화폐 역사도 사정은 비슷하다. 1861년 남북전쟁 당시 미 전역에서 1,600여곳의 은행이 난립하여 제각각 화폐를 발행해 그 종류만 7,000여 종이 유통되었으며 위조지폐도 범람했다. 당시 유통화폐의 1/3이 위조지폐였다.

1863년 북군의 링컨이 통합화폐를 발행했고 1865년 남북전쟁이 끝나자 비밀수사국을 설립한다. 위조지폐 단속을 위해 만들어진 이 조직은 오늘날까지 이어져 온다. 현재 미국의 비밀수사국은 7,000여명의 대부대로 이루어져 있으며 직원 대다수가 컴퓨터 엔지니어다. 신용카드 정보 도난, 백화점 서버 도난에서 암호화폐 해킹 등의 범죄를 다루기 때문이다.

이처럼 미 달러도 수많은 위조지폐와의 전쟁을 통해 통일되고 금태환화폐로 출발했다가 다시 금본위제를 포기하는 등 우여곡절을 겪으며 오늘날에 이르렀다. 현재 유럽 국가들의 대부분은 화폐개혁을 여러 번 겪다가 유로화로 통합되는 역사를 맞았다. 가령 1940년대에 태어난 독일인이라면 지금까지 살면서 무려 다섯 번이나 화폐개혁을 경험했을 것이다.

일제강점기와 해방, 한국전쟁과 남북분단이라는 역사를 겪은 우리나라 화폐의 역사도 파란만장하다. 한일합방 후 우리나라의 화폐 단위는 '圜(환)'에서 '圓(원)'으로 바뀐다. 1910년 12월 1일부터 한국은행권 1원권(圓券)을 발행하며 기존의 환에서 일본의 화폐 단위인 '원'으로 바뀐 것이다. 그래서 1910년대 우리나라에서는 1902년 5월부터 발행되어 그

동안 배척운동에 처했던 '圓(원)'으로 표시된 일본의 제일은행권(第一銀行券)과 '圜(환)'으로 표시된 종래의 한국은행권, 다시 '圓(원)'으로 새롭게 발행된 조선은행권 등 총 3종의 은행권이 유통되다가 '원'으로 표시된 조선은행권으로 통일되었다.

당시 1원은 100전(錢)이었다. 조선은행권도 금태환권으로 1원의 금 가치는 순금 2푼(750mg)이었다. 그러나 1931년 12월, 일본이 금본위제도를 포기하고 관리통화제도(管理通貨制度)로 이행하면서 우리나라도 금본위제를 이탈하고 관리통화제도로 오늘날까지 이른다.

우리나라는 광복 이후에도 조선은행권을 그대로 사용하였는데 1950년 6월 12일에서야 한국은행이 설립되지만 13일 만에 6.25가 발발한다. 전쟁 초기 북한군에 속수무책으로 밀려 후퇴하던 1950년 7월, 한국은행은 피난지 대구에서 처음으로 한국은행권을 발행한다.

한국은행권은 이렇게 기구한 운명을 안고 태어났다. 이로써 6.25 전쟁 중에 일제 강점기 때부터 사용하던 조선은행권과 한국은행권이 통용되었지만 불법적인 화폐 발행이 남발되었고 북한화폐마저 통용되며 극심한 혼란을 겪는다. 그래서 1950년 8월 28일 대통령긴급명령 제10호로 「조선은행권 유통 및 교환에 관한 건」을 공포하여 조선은행권의 유통을 금지하고 한국은행권으로 등가교환(等價交換)하였다.

그러나 전쟁 중에 세수(稅收)는 감소하고 거액의 군사비로 재정적자가 심해지자 통화남발로 인한 극심한 인플레이션이 일어난다. 이는 전쟁을 겪는 나라들이 공통적으로 겪는 혼란이다. 급기야 정부는 이를 수습하기 위해 1953년 2월 17일, 100원을 1환으로 변경하는 화폐개혁을 단행한다. 이때부터 원으로 표시된 구 한국은행권과 조선은행권의 유통이 금지되고 이들 화폐는 하루아침에 휴지조각이 되었다.

1961년 5.16정변을 일으킨 군사정권이 1962년 6월 10일, 다시 10환을 1원으로 하는 화폐개혁을 또 단행한다. 이처럼 1950년대에 태어난 한국인이라면 원에서 환으로 다시 환에서 원으로 여러 차례에 걸친 화폐개혁을 경험하게 되었다.

전쟁을 겪는 나라는 대개 큰 혼란에 빠지게 되고 이를 수습하기 위해 화폐개혁을 단행하여 기존 화폐를 무력화시키고 새로운 화폐를 통용시킨다. 화폐개혁의 본질은 결국 화폐 남발에 따른 인플레이션의 수습에 있다. 금본위제에서 벗어난 현대 화폐는 결국 국가에 대한 국민들의 신뢰와 믿음으로 유지된다. 그러나 전쟁은 그 믿음을 송두리째 앗아간다. 화폐를 무력화하고 사회를 다시 설계하기에 너무나 좋은 명분을 제공하는 것이다. 숱한 전쟁을 겪은 국민들은 그래서 국가를 신뢰하지 않게 된다.

두 차례의 세계대전을 경험한 현대인들은 더는 그런 전쟁이 일어나서는 안 된다는 것과 무력으로 타국을 침공해서 세력을 넓히는 제국주의 시대는 끝났다는 믿음을 암묵적으로 갖게 되었다. 그래서 이제는 국가들이 안정된 정치체제와 경제 활동이 보장되리라는 믿음에서 국가의 화폐를 인정하고 사용하는 것이다. 이것이 오늘날 우리가 사용하는 법정화폐 시대의 본질이다.

우리가 사용하는 한국은행권은 우리 국민이 우리 정부를 신뢰하는 것이고, 미국 달러는 미국인이 미국 정부에 대한 신뢰를 기본으로 사용한 것이다. 따라서 미국 달러에 연동해서 발행하는 오늘날의 대부분의 법정화폐의 원류를 거슬러 올라가면 미국 달러가 나오는데 그 미국 달러에는 "금과 교환합니다" 대신 "IN GOD WE TRUST"라는 문구가 찍혀 있다. "신 안에서 우리는 믿는다." 신이 미국을 지켜줄 것을 믿고 이 달러를 사용한다는 말이다.

법정화폐는 국가가 금의 보유량과는 상관없이 돈을 찍어대는 것이고 국민들은 그저 국가를 전적으로 신뢰하고 사용할 수밖에 없는 것이 오늘날의 현실이다. 하지만 지도자의 정책 실패나 무리한 전쟁 추진 또는 인기에 영합해 펑펑 돈을 쓰는 등의 이유로 재정적자에 시달리게 되면 부족분의 돈을 찍어냄으로써 적자를 메우는 역사가 도처에서 반복되고 있다.

법정화폐 시대 각 나라의 돈의 가치는 앞으로 어떻게 되겠는가? 법정화폐의 가치가 지속적으로 하락하리라는 것은 명약관화(明若觀火)한 일이라 할 수 있다.

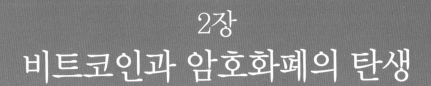

2장
비트코인과 암호화폐의 탄생

"기존 화폐는 중앙은행이 화폐 가치를 떨어뜨리지 않을 것이라는 신뢰가 필수이다. 그러나 법정 화폐의 역사에는 이 믿음을 저버리는 사례로 가득하다. 은행도 신뢰가 있어야 한다. 우리가 맡긴 돈을 잘 보관하고 전달할 것이라는 신뢰이다. 그러나 은행들은 신용 버블이라는 흐름에서 함부로 대출했다."

사토시 나카모토

제2차 코인전쟁

새로운 화폐 발상지, 아프리카

화폐의 역사는 곧 거래의 역사다. 인류는 거래를 위해 돈을 발명해서 지금까지 사용하고 있다. 물물교환 형식으로 사용된 상품화폐를 시작으로 금속화폐 시대와 실물(주로 귀금속)을 보장하는 어음성격의 태환화폐 시대를 거쳐 이제는 국가를 믿는 신용화폐 시대다.

하지만 사람들은 필요에 따라 다양한 아이디어를 내서 창의적으로 거래해왔다. 교도소에서는 담배가 화폐처럼 사용되기도 하고 북한의 개성공단에서는 한때 초코파이가 화폐를 대신하기도 했다. 전쟁 중에는 점령지 사람들과 거래할 때 담배나 군용 통조림, 초콜릿 등이 화폐로 사용되기도 했다. 파나마와 엘살바도르는 엄연히 독립국인데도 아예 미국 달러를 자국 화폐로 쓰고 있다.

1980년 캐나다에서 금융 이변이 일어났다. 캐나다 중앙은행이 시중은행에 대한 대출금리를 14%로 대폭 인상하였다. 중앙은행의 금리가 오르자 일반 시중은행 이자율도 올라 무려 19%에 달했다. 대출금리가 오르면 예금금리도 같이 오르는 것은 당연지사, 결국 캐나다 국민들은 돈을 전부 은행에 저금했고 그 바람에 정작 거래에 사용할 캐나다 달러가 부족해졌다.

시중에 캐나다 달러가 부족해지자 1983년 밴쿠버 섬 주민이었던 마이클 린턴이 'Local Exchange Trading System'의 약자를 따서 '렛츠(LETS)'라는 지역 화폐를 생각해냈다. 은행 예금이 불가능한 가짜 돈이었지만, 밴쿠버 섬 주민 76만 명이 렛츠를 물물교환의 증서로 사용했다. 일종의 지역화폐인 것이다. 우리나라에도 지자체에서 상품권을 발행하여 지역화폐처럼 사용하는 사례가 있다. 춘천에 가면 유료관광지를 찾은 관광객들에 춘천상품권을 준다. 이 상품권은 춘천에서만 현금처럼 사용할 수 있다. 결국 그 상품권을 쓰기 위해 춘천에서 추가로 돈을 쓰게 될 테니 지역경제 활성화에 도움이 된다.

1991년 내전이 일어난 아프리카 소말리아는 5년이 넘도록 무정부 상태가 지속되었다. 내전이 격화되자 미국은 1993년 소말리아 사태를 해결하기 위해 특수부대인 델타포스를 수도 모가디슈에 투입했다가 헬기두 대가 격추당하고 18명의 병사가 목숨을 잃는 사건이 발생한다. 이 사건을 다룬 영화가 '블랙 호크 다운'이다. 당시 모가디슈에는 재무부도 중앙은행도 주무관청도 없었지만 은행권이 유통되며 경제가 돌아갔다. 은행권의 제조자들은 중앙은행이 아닌 해적이었다. 이들은 위조지폐를 제작해서 달러와 교환했는데, 위조지폐를 사용해도 인플레이션이 발생하지 않았다. 사람들은 해적들이 만든 위조지폐를 믿고 사용했기 때문이다. 어차피 무정부 상태여서 국채를 신경 쓸 필요도 없었다.

1950년은 인류의 화폐 역사에 새로운 한 획을 그은 해이다. 미국 사업가인 프랭크 맥나마라(Frank McNamara)가 세계 최초로 신용카드인 다이너스클럽을 선보인 것이다. 이후 1958년에 아메리칸 익스프레스가 카드사업에 뛰어들면서 본격적인 신용카드의 시대가 열리게 된다.

신용카드가 처음 선보일 당시만 해도 이것이 지폐를 대신하게 되리라고 생각한 사람은 거의 없었지만, 오늘날 신용카드는 현대인들의 필수화폐가 되었다. 현재 미국에서 유통되는 달러의 97%가 현찰이 아닌 디지털로만 유통된다. 실제 현금을 사용하는 경우가 점점 사라지고 있다. 급여를 통장으로 받으면 대부분의 생활비가 카드대금으로 빠져나가는 것이 현실이다. 실제 돈은 수중에 들어오지 않고 카드를 통해 자동으로 다양한 거래업체에 이체된다.

케냐를 비롯한 아프리카 동남부 지역에서는 엠페사라는 모바일 화폐를 일상적으로 사용하고 있다. 엠페사(M-Pesa)의 M은 Mobile, Pesa는 스와힐리어로 돈이다. 케냐 모이 대학 학생이 개발한 모바일 소프트웨어 엠페사는 휴대전화만으로 송금, 저금, 결제가 가능한 서비스다. 이 엠페사의 가능성을 보고 남아공의 이동통신업체인 보다폰이 케냐의 이동통신업체인 사파리콤과 함께 사업화했고 IBM이 가세, 소프트웨어를 보강하면서 2012년 가상화폐, 즉 모바일머니로 탄생했다.

케냐에서는 이 모바일머니로 2008년에 약 6억 달러(한화 약 7,000억 원) 정도를 거래했으나 2010년에는 10배 정도 증가한 60억 달러, 4년 후인 2014년에는 또 3.6배 증가한 215억 달러(한화 약 25조 4,300억 원)가 거래될 정도로 폭발적으로 성장했다. 모바일 뱅킹 계좌를 개설한 이들은 2008년에는 약 300만 명이었으나 2017년에는 2,600만 명이 넘었다. 이는 케냐 약 4,600만 인구의 절반 이상이며 15세 이상 인구(3,000만명)의 75%를 넘는 수치다. 엠페사는 케냐를 넘어서 탄자니아, 가나, 이집트, 아프가니스탄, 남아공, 인도, 루마니아 등으로 확산일로를 겪고 있다.

엠페사의 성공에는 역설적이게도 케냐의 낙후된 금융환경이 존재한다. 케냐에는 은행도 별로 없고 계좌를 갖고 있는 사람도 거의 없었다. 이런 환경에서 모바일만으로 결제와 송금을 간편하게 할 수 있는 엠페사는 케냐인들의 필수품이 되었다. 금융과 IT기술의 융합인 '핀테크'는 신사업으로 주목 받고 있다. 금융이 제일 낙후되었던 케냐가 오히려 핀테크의 최고 선진국으로 떠오르고 있는 셈이다.

현재 미국인들의 필수 앱인 '벤모(Venmo)'는 미국판 '엠페사'다. 금융 선진국이라는 미국이 아프리카에서 개발된 서비스를 벤치마킹했으니 참으로 역설적인 일이다.

엠페사가 성공적으로 선보인 모바일머니는 디지털화폐 시대의 도래를 알리는 사건이다. 번거롭게 은행 계좌를 개설하지 않아도 되며 휴대전화로 문자를 보내듯 간편하게 송금과 결제를 할 수 있다. 무엇보다 치안이 불안한 아프리카에서 현금을 소지하다가 강도나 소매치기 등의 범죄를 당할 가능성을 원천적으로 제거하게 되었다. 이제 많은 업체에서 엠페사를 벤치마킹하고 있다. 인류 최초의 발생지가 아프리카라고 하는데, 인류 최초의 모바일머니의 발상지도 아프리카라고 할 수 있겠다.

9장짜리 논문과 비트코인

금융 후진국인 케냐에서 새로운 금융 혁신의 씨앗이 태동하던 2008년 9월 15일, 세계 최고의 금융 선진국 미국에서는 골드만삭스, 모건스탠리, 메릴린치에 이어 세계 4대 투자은행으로 자리매김하며 무려 164년을 이어온 리먼 브러더스가 파산에 이른다. 2008년 세계 금융위기의 신호탄이었다.

전세계를 충격으로 몰아넣은 금융위기가 한창이던 2008년 10월의 마지막 날, 수백 명의 공학자와 컴퓨터 프로그래머에게 한 통의 이메일이 도착한다. 발신자 이름은 '사토시 나카모토(Satoshi Nakamoto)'. 대부분의 사람들은 처음 들어본 일본인의 메일을 무시하거나 휴지통에 버렸다. 호기심 강한 몇몇 사람들만 열어봤을 뿐이다.

사토시 나카모토의 메일에는 9장짜리 짧은 논문이 링크되어 있었다.

'조작이 불가능하고 개인 정보를 요구하지 않으면서 거래의 투명성이 완벽하게 보장되는 통화 시스템과 이를 구현하는 기술'에 대한 논문이었다. 이 시스템에서 사용하는 화폐의 이름은 비트코인(Bitcoin), 컴퓨터의 정보 저장 단위인 비트(Bit)에 동전을 뜻하는 코인(coin)을 붙였다. 사토시 나카모토는 현재까지도 베일에 싸인 인물이며 이름도 가명으로 추정된다.

　사토시 나카모토는 2009년 1월 최초의 비트코인을 직접 만든 후 완벽하게 탈중앙화된 시스템이라고 주장했다. 그는 금융회사에 더 이상 비싼 수수료를 낼 필요가 없고 더 이상 개인 정보를 제공할 필요가 없다고 했다. 몇 개월 후 사토시 나카모토는 제네시스 블록을 채굴한 후 다시 여러 프로그래머들에게 제네시스 블록의 탄생을 알리는 메일을 보냈다. 대부분의 사람들은 역시 그 메일도 휴지통에 버리거나 무시했지만, 할 피니(Hal Finney)라는 프로그래머는 사토시 나카모토가 알려준 대로 비트코인 전자지갑을 설치하고 그에게 연락해 10비트코인을 전송받는다. 역사상 최초의 비트코인 거래였다.

　이후 할 피니와 사토시 나카모토는 함께 비트코인을 발전시킨다. 둘의 노력으로 비트코인은 프로그래머들과 암호학자들 사이에서 흥미로운 게임처럼 소문이 나 점점 비트코인 네트워크에 참여하는 사람들이 늘면서 비트코인 채굴작업에 참여한다. 이들은 사토시 나카모토가 만든 'bitcoin.org'의 채팅방에서 활동했는데 후에 이곳은 '비트코인 포럼'이라는 이름으로 공식화된다.

2010년 5월 22일은 비트코인의 역사에 기념비적인 날이다. 프로그래머인 라스즐로 하녜크즈(Laszlo Hanyecz)가 이 채팅방에서 한 친구에게 "비트코인 1만 개를 줄 테니 피자 두 판을 시켜달라"고 요청, 파파존스 피자 두 판에 1만 비트코인이 지불된 이 날을 '비트코인 피자데이'라고 부른다.

당시 피자 두 판의 가격이 30달러였으니 1비트코인당 0.3센트(0.003달러, 약 3원)로 계산한 셈이다. 현재 1만 비트코인은 700억 원이 넘는다. 1비트코인은 750만 원선이며 비트코인의 시가 총액은 170조 원 이상으로 불어났다(2018년 8월 기준).

아무 가치가 없는 디지털 장부가 창조적이고 혁신적인 아이디어로 10년 만에 어마어마한 가치로 성장한 것이다. 현재 비트코인은 암호화폐의 기축통화 자리를 지키고 있다. 암호화폐란 암호기법을 뜻하는 크립토그래피(cryptography)와 화폐를 뜻하는 커런시(currency)에서 따온 말이다.

비트코인을 가상화폐라고도 하지만 세상에 맨 처음으로 등장한 가상화폐는 비트코인이 아니었다. 그보다 훨씬 전인 1990년에 데이비드 차움이라는 사람이 개발된 디지캐시가 최초의 가상화폐다. 그러나 디지캐시는 중앙에서 관리하여 발행하는 디지털 화폐였고 발행 회사가 망하면 함께 도산하는 구조로 비트코인과는 그 구조와 시스템이 완전히 다르다. 오늘날의 탈중앙화된 시스템과 보안으로 만들어진 블록체인 암호화폐의 효시는 비트코인이라고 할 수 있다.

2008년 단순한 이메일로 시작한 비트코인은 10년 만에 세상을 바꾸는 혁명적인 기술로 온 세상을 뒤덮었다. 세상을 뒤바꾸는 엄청난 혁명인 블록체인 혁명은 보잘것없어 보이는 9장짜리 논문에서 시작한 것이다.

사이퍼펑크의 어깨에 올라선 비트코인

1984년 1월 22일 슈퍼볼에서 딱 한 번 방영된 애플 매킨토시 128K의 60초 TV 광고가 있다. 영화 '에일리언'으로도 유명한 리들리 스콧이 감독을 맡은 이 짧은 광고 한 편은 당시 엄청난 반향을 일으키며 상도 많이 탔다. 매킨토시 128K가 출시된 해는 1984년, 조지 오웰의 소설 《1984》의 시간적 배경인 해이다. 이를 이용해서 애플은 IBM을 '빅 브라더'로 묘사하고 매킨토시를 구원자로 묘사한 광고를 만들었다. 당시 제작비는 90만 달러로 지금 돈으로 따지면 약 20억 원 정도다. 칸 광고제에서 그랑프리를 받았으며 클리오상을 2번이나 수상했다.

애플의 광고에도 등장한 조지 오웰의 소설 속 '빅 브라더'는 대중에게 깊은 인상을 남겼다. '빅 브라더'처럼 사람들의 모든 것을 통제하는 권력이 실제로 존재한다고 믿는 사람들도 있었다.

사이퍼펑크는 1980년대 후반부터 대규모 감시와 검열에 맞서 자유를 지키기 위한 방안으로 강력한 암호 기술을 활용해야 한다고 주장하는 사람들로 구성된 일종의 연합체다. 이들은 실제로 다양한 암호화 기술을 연구했고 누구나 이용할 수 있도록 소프트웨어를 무료로 배포했다.

사이퍼펑크는 암호를 뜻하는 사이퍼(cipher)에 저항을 의미하는 펑크(punk)를 붙인 합성어다. 암호학은 원래 군사 분야의 영역이며, 적의 암호를 해독해 전쟁을 승리로 이끄는 게 그 목적이었다. 컴퓨터의 아버지로 불리는 영국의 수학자 앨런 튜링도 2차 세계대전 당시 24시간마다 암호 설정이 달라지는 독일의 암호 체계 '애니그마'를 해독하는 기계를 개발하여 연합군의 승리를 도왔다.

암호학은 민간인의 접근조차 철저히 금지된 분야였으나 1970년대 중반 이후부터 민간에 전파되기 시작, 이후에는 개인의 프라이버시를 지키는 수단으로 활용되기 시작했는데 그중심에 사이퍼펑크가 있었다. 이들은 1990년대 초 전세계 각지에서 미국 샌프란시스코 인근 지역으로 모여 새로운 아이디어를 주고받았다. 자유와 인권을 지키는 방법에 관심이 많았던 그들은 스스로를 사이퍼펑크라고 불렀다.

사이퍼펑크의 암호 전문가 데이비드 차움은 1990년, '익명의 가상화폐'라는 개념을 처음 제시했다. 그가 개발한 시스템의 이름은 '디지캐시'였다. 차움은 송신자와 수취인의 신원은 암호화하지만, 누가 누구에게 보내는지 확실히 식별할 수 있는 시스템을 고안하고자 했다. 비트코인과 매우 비슷한 형태이지만 디지캐시는 여전히 중앙 관리 방식의 전자화폐였다. 그는 은행에 디지캐시 라이선스를 판매하려 했지만 1998년 파산했다.

또 다른 사이퍼펑크 암호학자인 아담 백은 1997년 '해시캐시'라는 아이디어를 제시했다. 해시캐시는 작업증명(Proof-of-Work)이라는 개념을 도입했다. 작업증명이란 컴퓨터 연산능력을 사용해 특정한 값을 찾는 작업이라서 비용과 시간이 든다. 개인이 한두 개의 이메일을 보낼 때에는 별다른 노력없이 쉽게 특정한 값을 찾은 뒤 이메일을 보낼 수 있지만, 누군가가 대량의 정크메일을 보내려 한다면 엄청난 비용이 발생한다. 따라서 작업증명을 도입하면 스팸메일을 줄일 수 있었다.

1990년 대 중반에는 은행과 같은 중앙기관을 거치지 않아도 되는 디지털 화폐에 대한 구상이 계속 제시되었다. 그중 웨이 다이의 '비머니(B-money)'는 비트코인의 탄생에 결정적인 계기가 된다. 비머니는 작업증명을 사용하고 거래기록을 담은 장부(원장)를 공유하며 작업증명을 수행한 이들에게 보상을 주는 아이디어를 제시했다. 실제로 사토시 나카모토는 그의 비트코인 논문에서 웨이다이의 비머니를 참고문헌 1번으로 언급했다. 하지만 비머니는 실제 구현되기에는 구체적이지 않았고 큰 호응을 얻지 못했다.

2008년 10월 31일, 무명의 이메일에 포함된 논문으로 초라하게 시작했던 비트코인은 10년이 지난 2018년 8월 현재, 시가 총액만 약 170조 원에 이르는 암호화폐의 기축통화이자 1위의 코인으로 자리매김하고 있다. 비트코인의 탄생 이후 지금까지 약 1,600여 개의 코인이 뒤따라 쏟아졌고 지금도 끊임없이 탄생하고 있다. 이더리움 기반으로 발행한 토큰까지 합치면 1만4천 개가 넘는 코인이 쏟아졌다.

블록체인이라는 개념도 비트코인에서 출발했다. 사토시 나카모토는 논문 어디에도 블록체인이라는 용어를 쓰지 않았지만 비트코인의 소스코드 안에 있었다. 처음에는 '블록'과 '체인'을 띄어 썼는데 이후 사람들이 붙여 쓰면서 하나의 고유명사가 되었다.

사토시 나카모토는 자신의 논문을 근거로 실제 네트워크 구축에 돌입해 2010년 첫 거래를 성사시키며 논문의 현실성을 증명했다. 하지만 그렇게 되기까지는 수많은 선각자들의 노력이 있었다. 근대 물리학의 아버지로 칭송받는 아이작 뉴턴은 1687년 《프린키피아》를 저술했다. 이 책에는 관성의 법칙, 가속도의 법칙, 작용 반작용의 법칙 등 우리가 물리시간에 배웠던 운동3법칙이 공식화되어 수록되었다. 어떻게 이런 책을 낼 수 있었냐는 질문에 뉴턴은 자신이 거인의 어깨 위에 올라서서 멀리 볼 수 있었기에 가능했다고 대답했다. 이전의 선각자들, 이를 테면 갈릴레오 갈릴레이, 천문학자인 요하네스 케플러, 르네 데카르트 등의 선행 연구가 있었기에 자신의 연구가 가능했다는 말이다.

마찬가지로 아담 백이 스팸 메일로부터 시스템을 보호하기 위해 만들어진 작업증명 방식을 도입하여 1997년에 선보인 '해시캐시', 웨이 다이가 1998년에 선보인 '비머니' 그리고 데이비드 차움이 선보인 '이캐시' 등의 이론과 노력이 있었기에 비트코인이 탄생할 수 있었다. 이들은 비트코인의 탄생을 도운 거인의 어깨인 셈이다.

화폐 권력이 세상을 지배한다

어니스트 헤밍웨이의 유명한 소설 《누구를 위하여 종은 울리나》는 인류 역사에서 수많은 변곡점이 되어온 전쟁을 다시 생각하게 하는 대표적인 반전(反戰) 작품이다.

미국인 대학 강사인 로버트 조던은 스페인 내전에 프랑코의 독재에 대항하는 좌파 진영에 자원입대한다. 교량 폭파 임무를 맡은 주인공은 게릴라 부대에서 마리아와 사랑에 빠진다. 작전 도중 임무가 변경되고 더는 작전을 수행할 필요성을 느끼지 못했지만, 로버트는 우여곡절 끝에 교량 폭파를 마치고 복귀하는 도중에 결국 죽음을 맞이한다. 이 소설의 제목을 약간 바꾸어서 생각해 본다면 아마도 '누구의 죽음을 알리기 위한 종소리인가'일 것이다. 직접 경험하지 못한 세대들에게 전쟁이란 막연하고 추상적이지만, 그 참혹한 현실을 직접 경험한 이들에게는 평생 벗어날 수 없는 악몽이자 트라우마이다. 그저 마을의 부자라는 이유만으로 처형되었던 유지들, 철수 작전 중 전멸을 당하는 안셀모 부대원들, 다리를 지키던 평범한 젊은 병사들 그리고 마지막으로 주인공 로버트가 맞이하는 죽음까지…. 헤밍웨이는 이 소설을 통해 모두를 파멸로 이끄는 끔찍한 전쟁이 왜 끊이지 않는지, 거기에는 과연 어떤 의미가 있는지 독자들에게 묻는다.

인류 역사의 수많은 변곡점에는 언제나 전쟁이 있었다. 찬란하고 아름다운 문명을 이룬 인류는 어쩌다가 1, 2차 세계 대전을 비롯한 수많은 전쟁을 양산해 냈을까? 학교에서 배웠던 정치적, 이념적 원인 말고 인류가 그동안 전쟁을 일으킨 진짜 근본 원인은 무엇일까?

노골적으로 말하면 바로 돈 때문이다. 18세기 후반 영국에서 시작된 지분증명은 19세기를 지나면서 유럽 전역으로 확대되었다. 하루가 다르게 발전하는 새로운 과학 기술을 바탕으로 산업 생산성은 나날이 증가했고 인류의 삶은 대량 생산되는 물건으로 더없이 풍요로워졌다. 하지만 갑작스런 경제 발전의 이면에는 늘 부작용이 따른다. 생산에 필요한 원자재를 더 싸게 더 많이 확보하기 위해, 넘치는 생산품들을 내다 팔 시장을 확대하기 위해, 유럽 각국은 앞 다투어 해외 식민지 개척에 열을 올렸다. 제국주의의 탄생이었다. 전세계에 걸친 강력한 제국 건설에 성공한 영국은 '해가 지지 않는 나라'를 만들었다. 영국과 프랑스는 세계 경제의 주도권을 놓지 않기 위해 유럽 내에서 끈끈한 동맹을 유지했고, 뒤늦게 산업화에 뛰어든 독일은 호시탐탐 역전의 기회를 노리며 둘이 구축한 경제 패권에 도전했다.

1차 세계대전은 '사라예보 사건'으로 비롯되었지만 이는 하나의 원인에 불과하다. 만약 유럽에 지분증명이 없었더라면, 그래서 식민지 경제를 바탕으로 한 제국주의가 발전하지 않았다면 전쟁은 발생하지 않았을지도 모른다. 산업화와 식민지 경제 발전이 폭주 기관차처럼 달리다가 경제적 주도권을 놓고 일으킨 거대한 충돌이 바로 1차 대전이라고 볼 수 있다.

독일은 막대한 전후 보상비를 지불하는 과정에서 끔찍한 하이퍼인플레이션을 맞았다. 세계 대전 이후 패권을 노리는 미국은 그 주도권을 잡기 위해 영국과 보이지 않는 경제 전쟁을 벌였다. 두 나라의 화폐 전쟁으로 인해 세계는 전대미문의 대공황에 빠진다. 세계의 경제는 파탄이 났고 흉흉한 민심 속에서 전체주의, 국가주의, 군국주의가 탄생하여 결국 2차 세계대전이 터진다.

1차 대전이 돈이 넘쳐나서 생긴 '욕심 전쟁'이었다면 2차 대전은 돈이 부족해서 생긴 '약탈 전쟁'이라고 할 수 있다. 2차 대전 이후 결국 유럽은 몰락하게 되었고 새로운 강대국으로 부상한 미국과 소련을 중심으로 또 다른 이념 전쟁, 즉 냉전이 시작되었다. 그러나 미-소의 이념 전쟁 역시 진짜 이유는 돈이었다. 세계 유일 금본위제를 표방한 달러를 기축통화로 하여 전세계의 경제패권을 장악하려는 미국의 전략을 소련이 거부했기 때문이다. 겉보기에는 이념 전쟁이었지만 그 이면은 경제 패권을 장악하기 위해서 필요한 사실상 기축통화 전쟁이었다. 만약 미국과 소련이 서로 통화 스왑(swap)을 통해 패권을 적절하게 나누어 가졌다면 냉전은 없었을지도 모른다. 하지만 둘은 치열하게 경제 패권을 경쟁했고 결과는 소련의 참패였다.

미국은 적국 관계였던 중국과 1979년 수교를 재개하고 경제적 실리를 챙기기 위해 관계를 꾸준히 개선하고 있었다. 최근 미중의 갈등 원인은 중국 경제가 성장함에 따라 수출 제조 경제에서 내수 서비스 경제로 바뀌면서 두 나라 간의 이익이 더 이상 부합하지 않기 때문이다. 무엇보다 중국의 영향력이 커지는 것을 미국이 그냥 두고볼 수만은 없다는 절박함도 한몫한다.

전쟁의 진짜 이유에는 언제나 경제 문제가 있었고 화폐는 경제를 움직이는 핵심 수단이었다. 인류의 역사는 돈의 분배에 대한 끊임없는 싸움의 역사였다고 해도 과언이 아니다. 지금까지는 초강대국 미국의 경제 권력을 중심으로 한 세계 질서가 자리 잡고 있었지만, 세계의 중앙은행 역할을 했던 미국의 화폐 발행 남용의 부작용들이 이제 나타나고 있다. 미국 달러가 세상을 지배하던 시대가 서서히 저물고 있는 것이다.

글로벌 봉이 김선달

미국이 발행하는 달러는 정작 미국 내에서는 30%만 사용되며 나머지 70%는 전세계에서 사용된다. 달러는 그야말로 전세계를 아우르는 글로벌 기축통화이며 미국은 어마어마한 화폐 권력을 누리고 있다.

미국은 1770년대까지 영국의 식민지에 불과했던 지역이었다. 영국은 각종 증서나 인쇄물에 일종의 세금인 인지를 붙일 것을 명하는 '인지조례'를 발표했는데, 미국의 13개의 영국령 식민지가 반발하여 일으킨 전쟁이 미국의 독립전쟁이다. 미 독립전쟁 역시 세금인 돈 때문에 시작된 것이다.

당시 미국의 인구는 250만 명에 불과했고 독립 직후에는 전쟁으로 인해 상당한 국가 빚이 쌓여 있었다. 독립전쟁을 위해 돈을 빌려준 로스차일드 가문을 비롯한 유럽의 유대인 금융재벌들은 자신들이 투자한 자본을 빌미로 미국의 중앙은행 설립을 주도한다. 이후 임기를 시작한 7대 대통령 앤드류 잭슨은 중앙은행이 요구하는 20년의 공인 기간 연장에 거부권을 행사한다. 의회에서는 거부권을 막을 2/3의 인원을 동원할 수 없어 중앙은행의 공인은 소멸된다.

미국 정부가 이렇게 유대인 금융재벌의 손에서 벗어나 성장을 이룩하자 이들은 다시 이간책을 사용했다. 남부와 북부를 노예제로 분열시킨 다음 전쟁을 일으키면 남부나 북부가 다시금 그들에게 돈을 빌릴 것이고 그러면 누가 이기든 상관없이 다시 미국을 장악할 수 있다는 것이 그들의 계산이었다. 그래서 당시 미국 남부에 있는 프리메이슨 조직을 움직여 미국을 분리하고 전쟁을 시작했다. 남부는 그들의 의도대로 돈을 빌려 썼다. 역대 미국 대통령 중에 암살로 사망한 최초의 대통령은 에이브러햄 링컨이다. 남북전쟁을 승리로 이끌어 노예 해방을 이룬 링컨은 포드 극장에서 괴한이 쏜 총에 맞아 사망한 것으로 알려졌다. 하지만 그 암살의 배후에는 거대한 금융재벌이 있었다고 한다.

"나에게는 중요한 적이 둘 있다. 하나는 내 앞의 남부군이며 나머지 하나는 뒤에 도사린 금융기관이다. 둘 중 후자가 더 큰 위협이다. 장차 나를 떨게 할 위기가 가까이 왔음을 느낀다. 내 나라의 안위가 걱정이다. 금전의 힘은 사람들을 통치하고 그들을 해치면서 모든 재산이 소수의 사람 손에 들어가고 우리 공화국이 붕괴하기까지 지속될 것이다. 나는 나라를 걱정하는 마음이 그 어느 때보다 크다.

심지어 전쟁 때보다 더 초조하다."

(링컨이 암살 직전 윌리엄 엘킨스에게 보낸 편지 중에서)

링컨은 남북전쟁 당시 전쟁자금을 마련하기 위해 새 화폐인 그린백을 발행했다. 그린백은 금을 담보하지 않았고 20년간 5%의 금리로 쓸 수 있게 한 독창적인 화폐였다. 전쟁 동안 링컨 정부는 의회에서 권한을 받아 국민에게 국채를 팔아 자금을 조달했다. 미국 정부가 유대인 금융 재벌들에게 돈을 빌리지 않고 스스로 돈을 마련한 것이다. 이때 발행한 달러만 4억5천만 달러에 이른다. 또 링컨은 남부 정부가 전쟁으로 진 빚을 모두 무효로 한다고 선언했다. 따라서 남부에 거액의 전쟁비용을 빌려준 금융재벌들은 엄청난 손실을 보게 되었다.

그러자 이들은 링컨을 암살해버리고 이들의 사주를 받은 의회는 새 화폐 정책을 폐기하고 만다. 또다시 은행에서 화폐를 발행해서 그 종류만 수천 개의 화폐가 범람한다. 다시 거품이 터지고 미국은 파산 위기에 봉착한다.

그러던 1910년 11월, 7명으로 구성된 비밀 모임이 조지아주 지킬 섬에 모여 회의를 한다. 넬슨 올드리치(Nelson Aldrich) 미 상원의원이자 국가화폐위원회 의장, 피아트 앤드루(A. Piatt Andrew) 미국 재무차관보, 헨리 데이비슨(Henry P. Davison) JP모건 사장과 그의 오른팔 벤저민 스트롱(Benjamin Strong), 로스차일드 가문의 대리인이자 투자회사 쿤롭사 대표인 폴 와버그(Paul Warbur), 프랭크 밴더리프(Frank Vanderlip) 뉴욕 내셔널

시티 은행장, 찰스 노턴(Charles D. Norton) 뉴욕 퍼스트내셔널 은행장은 열흘 동안의 비밀회의를 통해 금융체제 안정을 위한 연방준비은행의 설립 초안을 작성했다. 연방준비은행이 돈을 찍어낼 수 있는 화폐 발행권을 갖는다는 것이 주요 골자였다. 그리고 3년 후 '연방준비은행법(Federal Reserve Act)'이 통과된다.

연방준비은행의 최대 주주로는 퍼스트내셔널 은행(JP모건), 하노버 은행(로스차일드가문), 뉴욕 내셔널시티 은행(록펠러와 쿤롭사), 뉴욕 내셔널 상업은행(폴 와버그) 등 100% 민간자본 은행이다. 이들은 사실상 민간은행이면서 은행이 아닌 것처럼 보이기 위해 '연방준비제도이사회(Federal Reserve Board, 줄여서 연준, FRB)'라고 이름 붙였으며 뉴욕 월가가 아닌 워싱턴DC에 본부를 두어 정부기관인 것처럼 포장했다.

이렇게 탄생한 '연준'이 미국 화폐 발행권한을 갖고 찍어내는 것이 바로 '연방준비권(Federal Reserve Notes)' 미국 달러의 진짜 명칭이다. 달러를 살펴보면 상단에 '연방준비권(Federal Reserve Notes)', 하단에는 달러라고 표시되어 있다. 즉 화폐의 정식명칭이 '연방준비권'이며 화폐의 단위를 지칭하는 이름이 달러이다. 한 나라의 화폐 발행권을 정부기관이 아닌, 100% 민간은행들이 출자하여 만든 민간기업이 소유한 것이다.

유튜브나 인터넷에 '미국 달러 발행의 진실'이나 미국을 움직이는 그림자 정부, 엘리트그룹, 프리메이슨, 삼각위원회, 일루미나티, 빌더버그클럽 등을 검색하면 이와 관련된 많은 내용이 나온다. 어떤 이들은 시답잖은 음모론으로, 어떤 이들은 심각한 문제로 인식하지만 대부분

'그래서 뭐 어쩌라고' 식의 무력감에 빠져든다.

아래 내용은 달러와 미국의 경제 시스템을 장악한 것으로 알려진 유대 금융재벌들('엘리트들' 혹은 '그림자 정부를 움직이는 비밀 결사단'으로도 불리는)에 대해 광범위하게 알려진 이야기를 정리한 것이다.

"1920년에 들어 미국 정부는 유대 금융재벌들에게 빌린 돈을 거의 갚지만 그들은 다시금 1929년 경제 대공황을 조성하여 경쟁회사들을 잠식하고 수많은 이익을 얻는다. 그들은 자신들의 사람인 F.루즈벨트에게 대통령직을 안겨주며 자기들의 사람들을 주요 장관으로 임명하라고 한다. 루즈벨트는 그들의 말대로 따르고 그들은 미국 정부를 완전히 장악하게 된다.

그리고 그들은 미국 정부를 움직여 2차 세계대전에 참전하도록 한다. 왜냐하면 전쟁에 참가하게 되면 더 많은 돈을 미국 정부가 쓰게 되고 그렇게 돈을 쓰면 쓸수록 미국에 대한 금융재벌들의 영향력은 더 커지기 때문이다.

1961년, 40대의 존 F.케네디가 미국 35대 대통령으로 당선된다. 그는 미국 은행을 개혁하겠다는 노선에 서 있는 정치가였고 실제로 링컨 대통령 이후 금융재벌들의 반발로 유통이 중단되다시피 했던 그린백의 유통권한을 재무부에 부여하면서 연방준비제도이사회와 대립 노선을 걷게 된다. 그는 금융재벌들이 루즈벨트를 통해서 만든 FBI나 CIA 조직을 없애기 위해 정면으로 선전포고를 하고 싸운다. 하지만 케네디는 1963년 의문의 암살을 당하고 그가 추진했던 개혁안들은 다시 흐지부

지되고 만다. 많은 사람들이 케네디의 암살 배후에 CIA가 있다고 믿고 있다.

케네디의 뒤를 이어 대통령직을 승계한 존슨 대통령은 그린백 유통 권한을 취소시키면서 통화 유통권은 다시 연방준비제도이사회에 넘어간다. 그리고 케네디 대통령을 마지막으로 이제 미국에서 더 이상 그들에게 대항하는 정치인은 사라지고 만다.

미국 정부는 그들의 손아귀에 완전히 넘어가 버렸다. 그들의 사주를 받은 정치인들이 미국 정부를 장악해 왔고 대통령은 이들의 꼭두각시 노릇을 하기에 바쁠 뿐이다. 레이건 대통령은 민영화 운동으로 공기업들을 사실상 망하게 했으며 오바마 이후로는 공기업이 한두 개 있을까 말까 하는 처지이다. 그리고 테러와의 전쟁 등을 명분으로 미국 정부는 더 많은 돈을 계속 쓰고 있다. 그 결과 현재 미국의 부채는 국민 전체가 1년 치 내는 세금으로는 겨우 3%만 갚을 수 있을 정도로 많아졌다."

이렇게 탄생한 미국 달러는 이후 세계 경제의 절대 화폐로 군림하며 화폐 권력을 지금까지 이어오고 있다. 미국은 1971년 금태환을 포기한 이후에도 석유를 이용하여 달러를 글로벌 기축 통화로 유지시킨다. 석유는 각 나라의 경제를 움직이는 데 없어서는 안 되는 필수 자원이다. 석유를 구입하고 그 비용을 지불하는 과정에서 달러만 통용되게 하면 어떻게 될까?

달러 자체는 그저 미국에서 찍어낸 종잇조각에 불과하지만 석유를 구입하는 유일한 수단으로 인정된다면 석유를 필요로 하는 모든 나라는 반드시 달러를 보유해야만 한다. 미국이 사우디아라비아를 지켜주는 대가로 요구한 것이 바로 달러 결제였다. 끊임없이 미국이 중동 정치에 개입하고 갈등을 조장하며 크고 작은 전쟁을 치른 이유도 사실은 석유 때문이다. 달러를 글로벌 기축통화로서 유지하기 위해 반드시 필요한 것이 중동 지역의 석유이기 때문이다.

글로벌 기축 통화 위상을 유지함으로써 화폐의 발행 주체는 이른바 '세뇨리지 효과'를 얻는다. 화폐 액면가의 가치에서 화폐를 발행하고 유지하는 데 들어가는 비용을 뺀 나머지는 순이익이다. 쉽게 말해 종이 값과 인쇄비, 발행과 유지에 필요한 인건비를 뺀 나머지는 전부 이익인 셈이다. 미국은 이렇게 손쉽게 달러를 찍어냄으로써 전세계에서 생산되는 제품들을 별다른 노력 없이 구입할 수 있었다.

대부분의 국가들은 석유를 구입하기 위해 달러가 필요하고 자국의 화폐 발행의 담보로 달러를 이용한다. 만에 하나 외환 관리를 잘못해서 달러 보유고가 부족하면 미국의 관리 하에 있는 IMF에 도움을 받아야 한다. 급하게 달러를 지원받는 과정에서 힘들게 쌓아온 자본과 애써 키운 기업들을 헐값에 빼앗기기 마련이다. 결과적으로 경제가 성장할수록 미국 달러에 대한 끊임없는 국제적인 수요가 발생한다.

미국 정부는 달러의 국제 수요가 늘어남에 따라 빚 보증서에 해당하는 국채를 발행하여 연준에 넘기고 연준은 이를 달러로 바꿔준다. 이렇게 추가 발행된 달러는 미국의 기업들과 각종 은행에 제공되고 공산품

수입 결제에 사용되며, 중국 같은 수출국들은 수출로 번 달러를 통해 미국의 국채를 구입한다.

결국 달러는 요술을 부린다. 그저 종이를 찍어냄으로써 수입 공산품이 생기고 다른 나라들이 수출을 통해 축적한 부를 가로챌 수 있다. 전세계에서 가장 많은 나라들이 사는 최고의 수출품이 바로 미국 달러다. 미국은 지금까지 종이를 찍어내서 엄청난 부자로 살아온 것이다. 현대판 글로벌 봉이 김선달이며 이것이 기축통화의 힘이다. 기축통화를 소유한 나라는 전세계의 부를 마음대로 거머쥘 수 있는 것이다.

하지만 달러를 마구 찍어낼수록 그 가치는 하락하고 인플레이션을 유발시킨다. 이러한 인플레이션의 피해는 국채를 구입하고 달러를 자본으로 보유한 주변국들에게 돌아간다. 미국은 빚이 늘어나도 달러를 또 찍어서 돌려막으면 그만이기 때문이다. 기축통화 발행국가만 할 수 있는 일이다.

이러한 과정에서 과도하게 풀린 달러는 전세계의 부동산, 주식, 물가를 끌어 올리면서 버블을 만들어낸다. 달러가 풀리면 각 나라는 달러에 맞게 환율을 방어하기 위해 어쩔 수 없이 자국 화폐를 찍어내야 하기 때문이다. 따라서 달러가 풀리면 전세계에 통화량이 같이 늘어난다. 돈이 시중에 많이 늘어나게 되면 인플레이션이 생기고 이는 부동산, 주식과 같은 자산의 가치를 떨어뜨리며 물가는 급등한다. 이처럼 빚에 기반을 둔 무분별한 화폐 발행의 거품은 언젠가 꺼지기 마련이며 결국 심각한 폐해를 만들어낸다는 문제가 존재한다.

화폐 주권 시대를 연 비트코인

1971년 미국의 일방적인 '금태환 중지' 선언으로 달러 발행의 담보물은 금에서 미국 국채로 바뀌게 되었다. 하지만 이미 달러는 글로벌 기축통화로 자리매김한 지 오래였고 세계 각국은 통화 발행을 미국 달러에 맞출 수밖에 없었다.

앞서 언급했듯이 현대 산업사회에서 경제 성장이란 통화 발행을 기반으로 한 채무에서 비롯된다. 그래도 그전까지는 통화 발행이 최소한 금이라는 유형 자산, 자본을 기반으로 했지만, 금태환 중지로 이제는 아무런 거리낌 없이 마구잡이로 달러를 찍어낼 수 있게 되었고 각국 역시 그에 맞춰 마구잡이로 돈을 찍어낼 수밖에 없는 구조가 되었다. 그렇게 세계 각국은 너나할 것 없이 실체 없는 돈을 찍어내며 빚을 만들어냈고 그중심에는 초강대국 미국이 있었다. 세계 1등 국가가 마음껏 돈을 평펑 찍어대는데 다른 나라들이라고 안 찍어낼 수 있겠는가. 세계가 쌓아 올린 어마어마한 부채 거품의 진짜 원흉은 미 달러이다.

2008년 미국발 금융위기는 이런 부채 거품이 부풀대로 부풀어 터질 수밖에 없었던 필연의 결과다. 피상적 이유는 미국 투자 은행의 무분별한 대출과 복잡한 파생 상품이었지만 근본 원인은 끊임없이 빚을 만드는 미국 달러 발행 시스템의 오류가 터진 것이다. 이 사건으로 인해 수많은 미국 중산층과 서민들은 살던 집에서 쫓겨나고 실직자가 되어 몰락했지만 은행가와 자본 세력은 오히려 더 많은 부와 권력을 갖게 되었다.

우리나라도 IMF때 중산층과 서민들은 몰락했지만 돈 있는 사람들은 헐값에 부동산과 빌딩, 기업들을 사들일 수 있었다. 그래서 내심 부자들은 IMF가 한 번 더 왔으면 좋겠다는 생각을 한다는 말도 있지 않은가.

미국도 마찬가지였다. 2008년 금융위기 당시 세계 최고의 금융그룹인 JP모건체이스의 제이미 다이먼(Jamie Dimon) 회장은 미국에서 다섯 번째로 큰 투자은행인 베어스턴스를 주당 2달러라는 헐값에 인수했다. 금융위기가 터지기 전에는 주당 170달러짜리 회사였으니 무려 1/85 가격으로 인수한 것이다. 거기다 뉴욕 맨해튼 중심부에 위치한 본사 빌딩은 공짜로 먹었다. JP모건은 단돈 2억3천만 달러에 베어스턴스의 본사 빌딩을 포함한 회사를 인수했는데 이는 빌딩 값도 안 되는 돈이었다. 거기다가 베어스턴스의 대규모 부실 채권은 미국 연방준비위원회에 넘겼다. JP모건은 사실상 미국 연방준비위원회를 설계하고 창설한 장본인으로 오늘의 미국 달러 발행 시스템의 설계자이다. 그러니 금융위기의 주범이라고 할 수 있는데 오히려 금융위기를 통해 어마어마한 이익을 거둔 셈이다.

이에 분노한 미국인들이 2011년 들고 일어난 것이 '월가를 점령하라(Occupy Wall Street)' 운동이었지만 아무 반향을 일으키지 못하고 흐지부지 끝나고 말았다. 2008년 글로벌 금융 위기는 그렇게 끝난 것일까? 많은 전문가들은 그것은 시작일 뿐 앞으로 더 큰 위기가 닥칠 거라고 경고한다.

이렇게 엄청난 오류와 모순투성이인데도 21세기 최강 화폐로 자리매김한 미국 달러에 대항하기 위해 유럽연합은 유로화를 출범했지만 유럽 내 정치 이슈로 인해 아직까지 글로벌 기축 통화의 대안으로 자리잡지 못하고 있다. 중국 위안화는 중국 경제의 놀라운 성장에도 불구하고 기축 통화로 성장하기 위해서는 갈 길이 멀다. 중국 경제 자체도 미국처럼 도처에 거품이 잔뜩 끼어 있어 어떻게 될지 모를 정도다. 이렇게 한 치 앞을 내다볼 수 없이 불확실성이 증가하고 있는 와중에 인류에게 새로운 희망으로 떠오른 것이 바로 비트코인이다. 이 비트코인을 시작으로 인류는 국가 발행 화폐 시대를 벗어나 '탈중앙 암호화폐의 시대'를 맞게 된 것이다.

2009년 1월 비트코인이 등장한 이래로 사람들은 암호화폐에 대한 많은 관심과 우려 그리고 지나친 기대와 실망으로 혼란스러워 한다. 하지만 화폐의 역사와 현재 미국 달러 발행 시스템과 이에 따른 각국의 통화 발행 시스템을 면밀히 살펴볼 때 비트코인으로 대표되는 암호화폐가 갖고 있는 본질적 가치는 사실 어마어마하다.

앞서 언급한 세계 금융 시스템의 설계자들의 중심은 'JP모건', 오늘날 JP모건체이스이다. 이 그룹의 회장인 다이먼은 2017년 "비트코인은 사기"라고 발언하여 비트코인의 대폭락을 일으켰다. 2018년 1월 그는 자신의 발언을 후회한다며 이전의 주장을 철회했다.

우리나라에서도 2018년 1월, 한 방송의 토론 프로그램에 등장한 저명한 한 작가가 "비트코인은 우아한 사기이며 엔지니어의 장난감에 불과한 것"이라고 폄하했다. 그는 비트코인이 화폐의 기본 기능인 지불수단으로서 매우 미흡하고 실패했는데도 이렇게 가치가 높은 것은 투자자들의 심리를 이용한 일종의 사기라고 했다.

J. 듀이는 "가치에는 본질적 가치와 수단적 가치가 있다"고 했다. 가령 낚시를 고기를 얻는 수단으로만 보면 수단적 가치이지만, 낚시를 통해 다른 것에서 맛볼 수 없는 색다른 즐거움, 깨달음, 인간적 친화 등을 얻는다면 이는 고기 낚는 목적과는 다른 가치를 지닌 것이다.

사물이나 현상의 본질적 가치는 그래서 관점에 따라 다양하게 표현된다. 따라서 우리가 어떤 사물이나 기술, 현상에 대해서 평가할 때에는 수단적 가치와 본질적 가치를 나란히 살펴볼 줄 알아야 한다. 친구와 낚시를 가서 고기는 한 마리도 못 잡았지만, 모처럼 친구와 많은 시간을 보내면서 못다 한 이야기를 나누었다면 그 낚시 여행의 본질적 가치는 그 어떤 낚시보다 가치 있다고 말할 수 있다.

비트코인을 결제 수단의 가치만으로 파헤치거나 향후 성장 가능성을

2장 비트코인과 암호화폐의 탄생

못 보고 단순히 폄하한다면 어떻게 발전할 수 있겠는가?

1886년 벤츠의 창립자인 칼 벤츠(Karl Benz)는 세계 최초로 특허를 받아 가솔린 자동차 '페이턴트 모토바겐Patent Motowagen'을 만들었지만, 사람이 뛰는 속도보다 조금 빠른 정도일 뿐 당시 마차의 속도나 힘에 비하면 형편없었다. 처음 세상에 나온 자동차를 본 수많은 사람들은 이를 비웃었고 신문에는 "엉성하고 볼품없다"는 혹평이 실렸다. 자동차 기술의 초라한 초창기 모습만 보고 결론을 내리는 우를 범한 것이다.

이런 사례는 수도 없이 많다. 물론 비트코인과 암호화폐에 대해서 대부분의 일반인들이 그저 짧은 시간에 큰돈을 벌 수 있다는 달콤한 유혹에 빠져 있는 것도 사실이다. 하지만 암호화폐를 제대로 알기 위해서는 화폐의 역사와 속성을 함께 이해해야 한다. 암호화폐도 결국은 사람이 만들어낸 화폐이기 때문이며 화폐란 인류역사와 함께 발전해온 인류의 최고 발명품이기 때문이다. 아직은 암호화폐와 법정화폐가 마치 다윗과 골리앗처럼 보이지만 암호화폐의 등장은 미국 자본 세력이 은밀하게 누려왔던 글로벌 화폐 독점 시대의 종말을 알리는 서막이라 할 수 있다.

지금까지 인류는 수많은 혁명을 통해 끊임없이 발전하여 왔다. 그리고 그 혁명은 언제나 인류의 보편적 가치를 제고시켰다. 천부 인권의 향상, 자유민주주의 발전, 상식과 합리적 이성의 시대 등이다. 몇몇 열악한 독재국가를 제외하고는 모든 국가 권력의 중심에 국민이 자리하고 있으며 국민이 주권을 행사하고 자유와 인권이 존중받는 시대로 발전하여 왔다.

이런 발전은 인류사에서 불과 100년 정도밖에 되지 않는 것이다. 전세계에 자유 민주주의의 중심국가를 표방하는 미국도 흑인의 인권이 오늘날처럼 대우받게 된 것이 채 몇 십 년에 지나지 않는다. 그런데도 자유와 민주주의, 국민 주권 행사 등은 예전과 비교하면 상상할 수 없을 정도로 발전했다.

하지만 인류가 수많은 혁명을 통해서도 이룩하지 못한 것이 바로 화폐 권력의 민주화다. 제 아무리 민주주의가 발전하고 국민 주권과 행복 추구권, 사유재산 보장 등이 이루어졌다 해도 화폐 발행만큼은 국가의 독점적이고 배타적인 권리였다. 화폐 발행만큼은 민주주의와 아무 상관없이 지속되어 온 것이다. 어느 국가가 화폐 발행을 위해 국민투표를 하거나 중간선거를 한다는 말을 들어본 적이 있는가?

비트코인으로 대변되는 암호화폐로 인해 개인이나 기업, 단체가 자기들 생태계에 필요한 화폐를 자유롭게 발행하는 시대를 맞게 되었다. 국가나 중앙은행, 감독기관의 규제와 상관없이 참여자들 스스로 만들어내는 화폐 권력이 탄생한 것이다. 비트코인은 발행 주체도 없고 감독 기관도 없다. 어느 국가나 기관, 단체에 속해 있지 않으며 그저 전세계 수많은 참여자들의 컴퓨터에 디지털 숫자로 존재할 뿐이다.

2009년 1월 처음 탄생한 비트코인은 채굴에 쓰인 전기료와 컴퓨터 유지비 등을 원가로 계산하여 추산하면 개당 0.00076달러, 우리 돈 0.8원이었다. 2010년 5월 18일, 비트코인 1만 개에 피자 2판이 거래

되면서 이를 가격으로 환산하면 1만 비트코인당 30달러, 석 달 뒤인 2010년 8월 600달러, 다시 석 달 뒤인 11월에는 2,600달러, 2011년 4월에는 18,000달러로 파죽지세의 성장을 보인다. 2018년 8월 가격 기준으로는 대략 750만 원이 넘는다.

비트코인의 본질적 가치를 파헤치면 "비트코인이 대박 났다!"에서 그치는 것이 아니라 '화폐 발행의 국민 주권시대'의 도래이다. 이는 인류 역사에 한 번도 없었던 일이다. 비트코인이 어쩌다 이런 가치를 갖게 되었을까?

과연 가치는 어떻게 형성될까? 그것을 인정하는 수많은 다른 사람들이 존재해야만 비로소 가치가 형성된다. '다수의 다른 사람들' 말이다. 주관적인 가치는 가치가 아니다. 어떤 사람이 평생을 쏟아 부어 그림 혹은 조각상을 만들어 놓고선, 자기가 평생 공들인 것이니 이 작품은 1억 원이라고 혼자(또는 가족이나 지인들도 합세하여) 주장한다고 해서 그 가치가 인정되진 않는다. 가치는 그것을 인정하는, 이해관계에 얽히지 않은 다수의 '다른 사람들'에 의해 형성되는 것이다. 아무리 사람 수가 많다 해도 자기들끼리 짜고 치는 고스톱처럼 만들면 그 가치는 결코 인정받지 못한다. 서로 전혀 모르는 사람들이 모여서 인정할 때에 비로소 가치가 형성된다.

우리나라에서만 300만 명이 넘는 사람들이 비트코인 네트워크에 참여하고 있다. 그 말은 우리나라에서만 300만 명 이상이 비트코인을 돈으로 인정한다는 뜻이다. 현재 전세계 2천만 명이 넘는 사람들이 비트코인 네트워크에 참여하고 있으며 수억 명의 사람들이 비트코인을 돈으로 인정하고 거래한다. 그 어떤 국가나 기관에서도 담보하지 않는, 그저 컴퓨터상에 숫자로만 존재하는, 그래서 만져볼 수도 없고 실체도 없는 가상공간의 숫자에 불과한 것이 그토록 어마어마한 가치를 갖게 된 것이다.

이것이야말로 인류 역사에서 전무했던 일이 아니고 무엇이겠는가? 앞으로 어떠한 변화가 발생할지 정확히 예측하기는 어렵다. 역사적으로 그 전례가 없는 사건이 터졌기 때문이다.

분명한 사실 하나는 이제 인류의 경제사에 중대한 변화가 시작되었다는 것이다. 인류의 역사와 함께 수많은 화폐가 등장하고 사라졌다. 실물화폐에서 금속화폐로 금태환화폐에서 다시 법정화폐로 바뀌었다. 법정화폐의 평균 수명은 고작 수십 년에 불과하다. 한 순간에 휴지조각이 되고만 화폐도 부지기수다. 암호화폐는 인류가 진화하면서 만들어낸 궁극의 화폐가 될 수도 있다. 지구가 존재하는 한, 아니 인류가 존재하는 한 영원히 없어지지 않을 화폐이기 때문이다.

글로벌 코인 전쟁

미국 달러가 1944년 브레튼우즈 체제 이후 세계 기축통화 역할을 한 지 70여 년이 지나고 있다. 역사를 고려하면 매우 짧은 기간이다. 2008년 금융위기 이후 중국, 러시아, 유럽이 미국 달러의 기축 통화 역할을 놓고 본격적인 경쟁을 벌이면서 기축통화인 달러의 위상이 흔들리고 있다. 국제통화기금(IMF)에 따르면 전세계 중앙은행 외환보유액 중 미 달러화가 차지하는 비중은 1970년대의 80% 수준에서 2017년에는 61%로 20% 가까이 감소했다. 미국의 심각한 재정적자로 인해 달러가치가 폭락할 것을 우려해 여러 나라들이 달러 비중을 줄이고 있는 것이다.

중국 경제 성장에 따라 위안화의 위상도 높아졌다. 2016년 IMF 준비통화인 특별인출권(SDR)으로 달러, 유로, 파운드, 엔에 이어 위안화가 세계 5대 통화로 자리매김했다.

2차 대전으로 패망한 일본은 한국전쟁을 발판으로 산업화에 성공하여 아시아의 맹주로 떠올라 미국에 이어 세계 경제 2위의 자리를 차지할 정도로 성장했다. 1980년대 일본 최고의 경제 호황기에는 도쿄의 땅을 팔면 미국 전체를 살 수 있다는 말이 나올 정도였다. 반면 미국은 심각한 재정적자와 무역적자에 허덕였다. 그러자 1985년 미국은 독일, 영국, 프랑스, 일본의 재무장관을 뉴욕의 플라자 호텔로 불러들여 플라자합의를 맺는다. 일본의 엔화와 독일 마르크를 평가절상하는 것이 주요 내용이었다. 이로 인해 당시 달러당 240엔대였던 엔화는 1988년에 120엔대까지 두 배로 평가절상되어 일본의 수출경쟁력은 떨어지고 미국의 수출경쟁력이 높아졌다. 미국은 무역적자를 해소하고 불황에서 벗어나 경제 강국의 지위를 회복한 반면, 수출이 급감한 일본의 수출기업들은 줄줄이 쓰러지고 증시는 무너져 내렸다. 세계 경제 2위의 일본은 그렇게 쇠락하고 어느덧 '잃어버린 20년'을 보낸다. 결국 미국 달러와의 화폐전쟁에서 참패한 것이 일본 경제가 나락에 빠진 원인이다.

2018년 일본은 암호화폐를 활용한 경제 활성화를 선언, 제2의 도약을 꿈꾸고 있다. 일본은 세계에서 선도적으로 암호화폐 산업을 구축하는 나라 중 하나다. 세계 최초의 비트코인 거래소였으며 한때 세계 비트코인 거래량의 70% 이상을 담당하던 마운트곡스는 2011년 본사를 도쿄로 옮겼다. 2014년 2월 마운트곡스는 고객이 맡긴 85만 비트코인이 분실됐다며 도쿄지방법원에 파산신청을 냈다. 올해(2018년) 초 시세인 1,000만원으로만 잡아도 8조5천억 원에 해당하는 어마어마한 금액이다. 당시 시세로는 100만원 정도였으니 8천500억 원에 해당하는 금액이었다.

마운트곡스에 비트코인을 맡긴 전세계 고객들이 도쿄로 날아와 날마다 시위를 벌였다. 비트코인 역사상 가장 큰 사건이 도쿄 한복판에서 터졌으니 일본 정부가 놀라지 않을 수 없었을 것이다. 하지만 이 사건은 오히려 일본에게 전화위복의 계기가 된다. 이로 인해 정부는 일찌감치 암호화폐를 연구하게 되었고 덕분에 암호화폐의 비전에 눈을 뜬 것이다.

일본은 2017년 4월 1일부터 새로 개정된 자금결제법을 통해 비트코인을 실제 화폐와 같은 재산적 가치로 인정하고 결제수단으로 인정하여 암호화폐에 붙던 소비세를 없앴다. 이렇게 암호화폐 관련 법안을 정비한 나라는 일본이 세계 최초다.

2017년 12월에는 암호화폐를 기업의 보유자산으로 인정하는 회계규칙을 발표했다. 이 덕분에 2018년 5월 기준으로 비트코인의 엔화거래 비중은 40%에 달한다. 불법행위를 못하도록 규제를 정하지만 민간기업이 암호화폐의 산업을 키울 수 있게 한다는 원칙을 세우고 있다. 암호화폐로 결제 가능한 상점이 2017년 10만 곳에서 2018년 초에는 20만 곳으로 두 배가 늘었다. 통신회사, 금융회사들도 암호화폐 산업에 뛰어들었다. 일본의 최대 암호화폐 거래소인 비트플라이어는 미국과 유럽에도 진출했다. 달러와의 화폐 전쟁에 밀려 잃어버린 20년을 보내며 절치부심한 일본은 이제 암호화폐의 시대를 맞아 주도권을 잡기 위해 노력하고 있다.

이러한 변화는 비트코인을 비롯한 암호화폐가 세계 기축통화 경쟁에 새로운 변수로 부상하고 있음을 보여준다. 암호화폐는 사실 미 달러뿐 아니라 모든 법정 통화 자체를 부정한다고 볼 수 있다. 탈중앙화된 방식으로 개인 간 모든 거래가 가능한 화폐를 지향하기 때문이다. 따라서 기존 법정화폐 질서에서 도전하는 암호화폐는 이른바 '공공의 적'이다. 화폐 발행은 국가의 고유하고 배타적인 최대 권력이기 때문이다.

《화폐전쟁》의 저자 쑹훙빙은 각국 정부가 결국 암호화폐를 제도권에 편입해 통제할 것으로 예상한다. 암호화폐가 돈세탁, 탈세, 테러 자금 조달 등에 악용될 수 있기 때문이다. G20 주요 20개 선진국에서도 조만간 암호화폐 규제 논의가 있을 전망이다. 독일과 프랑스는 2018년 3월 G20 재무장관·중앙은행 총재회의에서 암호화폐 규제를 촉구했다. 흥미로운 점은 각국 정부의 이중적인 태도다. 대부분의 국가가 비트코인은 경계하면서도 이미 자체적으로 암호화폐 발행을 연구하기 때문이다.

암호화폐 시대로의 변화는 거스를 수 없는 시대의 흐름이 되어 버렸다. 달러와 위안화, 유로화에 기반한 기존 통화의 패권전쟁이 그동안의 화폐 전쟁이었다면 이제는 국적을 초월하는 암호화폐의 패권싸움으로 펼쳐질 것이다.

반미 성향의 니콜라스 마두로 베네수엘라 대통령은 최근 '페트로커런시(Petro curency)'라는 이름의 암호화폐를 도입했다. 이를 통해 통화 주권을 지키고 미국의 금융봉쇄를 극복하겠다는 것이다.

전문가들은 미국의 제재 위협 아래 있는 중국, 러시아, 북한도 암호화폐로 돌파구를 찾고 있다고 주장한다. 브릭스(브라질, 러시아, 인도, 남아프리카공화국)는 2017년 중국 샤먼에서 열린 정상회의 때 공동 암호화폐인 '브릭스코인'을 만드는 방안을 논의했다. 최근 러시아는 은밀히 암호화폐 채굴자들을 끌어 모으려고 준비하는 것으로 알려졌다.

앞으로는 각 나라의 주요 중앙은행들이 외환보유고에 비트코인과 같은 암호화폐를 보유할지 모른다. 전문가들은 2018년이 그 시작점일 수 있다고 전망한다. 암호화폐 시가총액이 나날이 증가하고 있다. 만일 IMF의 SDR 발행액을 넘어서면 중앙은행들이 비트코인과 이더리움 등을 사들일 거라는 관측이다. 바야흐로 세계는 조금씩 암호화폐의 시대에 진입하고 있다.

앞으로는 국가별, 기업별, 산업별로 각 생태계의 코인 기축통화 자리를 놓고 치열하게 전쟁할 것이다. 생태계별 기축통화 자리를 차지하는 것은 수많은 코인의 시대에 매우 중요한 화두임이 분명하다. 우리도 모르는 사이에 치열하게 벌어질 코인 전쟁의 시대를 맞은 것이다.

전쟁은 언제나 많은 사람들을 죽음으로 내몰고 엄청난 피해를 입혔다. 그런데도 전쟁을 통해 이득을 보는 세력이 있었고 전쟁 덕에 도약하는 국가가 있어왔다. 앞으로 펼쳐질 코인 전쟁에서 우리는 죽음과 피해를 입는 쪽이 될 것인가 아니면 이득을 보며 패권을 쥐는 쪽이 될 것인가? 그것은 일어날 전쟁을 미리 예측하고 준비하느냐 못하느냐에 달려 있다.

코인 전쟁의 명운을 가르는 중요 변수

2018년 7월 6일 미국은 340억 달러 규모의 중국 수입품 818종에 25%의 관세를 부과했다. 중국도 보복 조치로 미국산 농산품, 자동차, 수산물 등에 340억 달러 규모로 25% 관세를 똑같이 부과하면서 본격적인 미중 무역전쟁이 시작되었고 이는 곧 미중 간 환율전쟁의 양상으로 번지고 있다. 중국은 단기적으로 위안화 평가 절하를 통해 관세 부담을 최소화하고, 미국은 중국을 환율 조작국으로 지정하겠다고 엄포를 놓고 있다. 미국 달러 대비 중국의 위안화의 가치가 낮아지면 미국에 수출하는 중국 회사들은 그만큼 수출 가격 경쟁력이 좋아지고, 미국은 수출보다 수입이 유리하므로 무역 수지에는 더 적자가 된다.

만약 중국이 미국과의 무역전쟁 및 환율전쟁으로 인해 결국 불황에 빠진다면 이는 중국만의 문제가 아니라 한국을 포함하여 글로벌 경제

위기를 일으킬 수 있다. 세계적인 혼란과 불확실성이 가중되는 상황에서 암호화폐는 안전 자산의 대안으로 다시 부상하게 될 수 있다. 특히 성장 가능성이 높은 암호화폐보다는 희소성과 신뢰성이 검증된 암호화폐가 우선 주목받게 될 것이다.

미중 간의 무역전쟁 및 환율전쟁 뿐 아니라 또 다른 심각한 변수는 앞으로 이루어질 미국의 금리 인상 조치이다. 2008년 글로벌 금융위기 이후 미국 연준은 2014년 10월까지 양적완화를 3차례 실시해 약 9,000억 달러이던 자산을 현재 4조5,000억 달러까지 늘렸다. 다른 선진국들도 이를 그대로 답습했다. 이미 2001년 양적완화를 실시했던 일본은 2013년부터 국채뿐 아니라 주식시장과 부동산시장에 대한 간접투자를 포함한 양적-질적 완화를 실시했다. 유럽도 2015년부터 양적완화를 도입했다. 10년이 지난 지금 얼핏 보기에는 2008년 금융 위기는 완전히 해결된 것 같지만 사실상 더 큰 부작용을 만들어내었다. 양적완화로 인해 전 세계 자산시장의 버블이 심화되고 경제가 다시 빚더미에 올라앉았다. 각국의 부동산 가격이 급등했고 미국의 주식시장과 전 세계의 채권시장이 버블이라는 우려가 높은 것이 현실이다.

그렇다면 2018년 말 혹은 2019년 초부터 미국이 본격 금리를 인상하면 과연 어떤 일이 발생할까? 전세계적으로 풀린 달러는 급격히 미국으로 다시 회수될 것이며 이로 인해 특히 아시아 지역의 개발도상국들은 심각한 외환위기에 처할 가능성이 높다. 즉, 환율은 급격히 폭등하며 외환 보유량이 충분하지 않거나 채무 상환이 얼마 남지 않은 나라들의 통화 가치는 폭락하게 된다. 이미 1997년에 한국이 끔찍하게 경험했던 IMF 위기가 아시아 지역에 재발할 수 있는 것이다.

문제는 그간 이루어진 3차례의 엄청난 양적 완화로 인해 그 규모와 피해가 훨씬 더 클 것이라는 점이다. 미국의 기준 금리 인상에 따라 경제 상황과 무관하게 각 나라들도 선택의 여지가 없이 기준 금리를 인상해야 한다. 방어적으로 미국 달러를 보유하여 외환위기를 막는다 하더라도 어쩔 수 없이 본격적인 불황을 맞을 수밖에 없다. 부채와 돌려막기를 통해 근근이 버티던 기업과 가계는 완전히 부실해져 파산에 이르고 이렇게 헐값이 되어버린 부실 자산은 글로벌 자본의 먹잇감이 될 것이다. 최악의 경우로는 미국이 단기 금리 인상을 했는데도 물가가 잡히지 않아 미국 내 급격한 인플레이션이 생기거나, 과도한 금리 인상으로 심각한 글로벌 경기 침체가 발생하는 상황이다. 인플레이션에 따라 달러가 붕괴되면 미국은 IMF의 특별 인출권을 바탕으로 화폐 개혁을 시도할 수 있다.

이런 상황에서 대안으로 암호화폐는 다시 주목 받게 될 것이다. 다만 달러 붕괴에 따른 화폐 개혁 과정에서 심각한 혼란과 신용 붕괴로 인해 대다수의 암호화폐도 함께 사라질 가능성이 높다. 오직 검증된 소수의 암호화폐만이 대안으로 부상할 것이다. 그러나 과도한 금리 인상에 따라 투자자 대다수가 미국 달러 자산 보유를 원하는 상황이 된다면 암호화폐의 입지는 더욱 좁아질 수도 있다. 이는 암호화폐의 생존을 가르는 혹독한 빙하기가 될 전망이다.

3장
코인 춘추 전국 시대

"궁하면 변하고, 변하면 통하고, 통하면 오래간다."
(窮則變, 變則通, 通則久)

《주역》

제2차 코인전쟁

결국 살아남을 코인을 판별하는 기준

'관포지교(管鮑之交)'라는 유명한 고사성어가 있다. '관중'과 '포숙아'라는 두 친구의 깊은 우정을 말하는데, 이 이야기를 살펴보면 함께 애플을 창업하여 세계적인 회사로 일군 스티브 잡스와 스티브 워즈니악의 우정이 떠오르기도 한다. 관중과 포숙아는 같이 장사를 했는데 관중은 항상 자기 몫을 몰래 더 가져갔다. 누군가에게 이 사실을 들은 포숙아는 "관중은 나보다 가난하니 당연히 많이 가져가야지" 하며 아무렇지 않게 여겼다. 애플 이전에 게임회사 아타리에서 일한 잡스는 게임기 설비 개발 업무로 600달러를 받기로 했다. 그런데 처음 약속한 돈의 8배가 넘는 5,000달러를 받게 되었다. 하지만 잡스는 워즈니악에게는 처음 약속한 600달러의 절반인 300달러만 주었다. 나중에 워즈니악은 잡스가 자신을 속인 것을 알았지만 대수롭지 않게 여기고 넘어갔다고 한다.

관중이 벼슬을 하려다가 세 번이나 실패했어도 포숙아는 "자네는 아직 시대의 운수를 타지 못한 것뿐이야. 너무 심려치 말게"라고 위로했다. 둘이 전쟁에 나갔을 때 관중은 항상 맨 뒤에 섰고, 싸우다가 세 번이나 도망쳤다. 모두가 관중을 비난할 때도 포숙아는 "관중에겐 늙으신 어머니가 있네. 관중이 죽으면 누가 그분을 돌보겠나?" 하며 관중을 비난하지 않았다. 이 말을 전해들은 관중은 하늘을 우러러 보며 "나를 낳아주신 분은 부모이나 나를 이해하는 사람은 오직 포숙아로구나!"라고 했다고 한다.

　훗날 둘은 서로 적이 되어 전쟁을 벌인다. 포숙아가 승리하자 제나라의 군주 제환공은 관중을 죽이려 했지만 포숙아는 이렇게 진언한다. "제나라 하나만 다스리려면 이 포숙아만으로도 충분하지만, 천하를 다스리려면 반드시 관중이 필요합니다."

　어려서부터 포숙아를 스승으로 모셨던 제환공은 결국 그의 충언을 받아들여 관중을 살려주고 제나라의 재상으로 삼는다. 이후 관중의 정치에 의해 제나라는 강성해졌고 관중을 신임했던 제환공은 춘추시대 최초로 패권을 거머쥔 왕이 된다. 관중이야말로 춘추시대를 시작한 설계자라고 할 수 있지만 그에게 포숙아라는 훌륭한 친구가 없었다면 불가능했다.

　워즈니악과 잡스는 의기투합하여 애플의 신화를 만들어냈지만 이후 철학과 사업 전략이 서로 달랐다. 결국 워즈니악은 1985년 스스로 애플을 떠났다. 하지만 2011년 잡스가 사망하기 직전까지 애플 사내 조직도를 조회하면 그의 유일한 팀원은 워즈니악뿐이었음이 확인되었다. 그의 마음에는 늘 워즈니악이 함께 있었던 것이 아닐까. 잡스에게 워즈니악은 포숙아 같은 친구였을 것이다.

춘추전국시대에는 전쟁이 끝없이 이어졌고 수많은 나라의 흥망성쇠가 거듭되어, 자연스레 책략이 가득했던 시기였다. 유가, 도가, 법가, 종횡가 등 당시 제자백가는 방향과 내용은 다르지만 각자 정치적 주장을 실현하고자 했으며 권모술수와 다양한 처세술도 등장했다. 춘추전국 시대의 수많은 전략가들을 다음과 같이 평가할 수 있을 것이다.

'거짓말밖에 모르는 자는 보잘것없는 사기꾼이다. 거짓말 절반, 진담 절반으로 참과 거짓을 가리기 어렵게 하는 자는 한 수 더 높은 사기꾼이다. 평소에는 대부분 진담을 하다가 결정적인 순간에 거짓말을 하지만, 예전에 한 진담으로 그 거짓말에 신뢰성을 담보 받는 자는 모략가이다. 모략가와 사기꾼은 사실상 동전의 양면이다.'

춘추전국 시대와 같은 양상이 현재 코인 세계에서 벌어지고 있다. 하루가 멀다 하고 새로운 코인과 토큰들이 쏟아져 나온다. 아예 말도 안 되는 사기성 짙은 코인들이 있는가 하면 진위 여부를 구분하기 어려운 모호한 코인들도 무수히 발행되고 있으며, 세상을 바꿀 만한 잠재력을 가진 코인들도 있다. 코인마켓캡에 등록된 코인만 현재 약 1,600종이 넘는다. 이더리움 기반에서 만들어진 토큰까지 합치면 1만 4천개가 넘어 그야말로 코인 춘추전국 시대라고 할 수 있다. 이렇게 많은 코인들이 경쟁하는데 어떻게 진짜와 가짜를 구분할 수 있을까? 많은 투자자들이 코인의 진짜 정체를 밝히기 위해 노력하지만, 솔직히 내부 개발자가 아닌 이상 코인의 진정한 가치와 한계, 잠재력을 정확히 파악하기란 어렵다. 그렇다고 '묻지마 투자'를 할 수도 없는 노릇이다.

코인 개발 과정은 단지 새로운 기술을 개발하는 것이 아니라 수많은 지지자들을 바탕으로 이전에 존재하지 않던 나라를 세우는 거대한 프로젝트로 볼 수 있다. 그럴듯한 블록체인 기술용어에 매몰되어 프로젝트를 추진하는 사람을 놓쳐서는 안 되고, 유명세를 갖는 사람에게 홀려서 실체가 없는 비즈니스 모델에 막연한 희망을 가져도 안 된다. 좀 더 객관적으로 코인을 살펴보기 위해 우리는 다음과 같은 기준을 제시하고자 한다.

- 어떤 명분과 철학을 갖고 있는가? (인지도, 별명, 인기)
- 차별화된 핵심 무기는 무엇인가? (기술적 차별화 전략과 코인의 실제 유용성)
- 어떠한 시장을 공략하고 있는가? (주요 고객 및 비즈니스 모델)
- 계획한 대로 세력을 불려나가고 있는가? (네트워크 노드 숫자와 실행 능력)
- 어떤 세력과 합종연횡을 이루는가? (코인 간 경쟁 및 연합 관계)
- 어떤 사람들이 주도하는가? (개발진 이력 및 평판)

어떤 코인에 투자하여 단기적으로 큰 수익을 올릴 수 있을까라는 생각보다는 앞으로 각 코인으로 인해 펼쳐질 세상의 큰 흐름과 변화를 예측한다면 좋은 코인을 구분하는 혜안을 가질 수 있을 것이다. 현존하는 수많은 코인 중 진정한 가치를 지니지 못한 것들은 모두 소리 소문 없이 사라질 것이고 소수의 코인만 살아남을 것이다.

인터넷이 등장한 이후로 1990년대 후반에서 2000년대 초반까지 세계는 '닷컴 열풍'의 소용돌이에 휩싸인 적이 있었다. 우리나라도 예외가 아니었다. 멀쩡한 회사 이름에 무조건 '닷컴'을 붙이는 것이 유행이었고 허접한 사이트 하나 만들고선 장밋빛 비전을 제시하며 묻지마 투자를 받는 사람이 성공한 벤처사업가로 포장되기도 했다. 이들은 하나같이 자신이 만든 사이트가 앞으로 인터넷 혁명의 주인공이 될 거라고 주장했다. 그중에는 한때 성공을 거둔 것처럼 보이는 사이트도 있었고 심지어 상장까지 성공해서 대박을 터뜨린 회사들도 여럿 있었다. 하지만 지금까지 살아남아 자신들이 얘기했던 비전을 실현시켜 나가는 회사는 극소수에 불과하며 대부분은 사라지고 말았다.

지금 코인시대를 앞두고 벌어지는 일들이 그때와 흡사하다. 닷컴열풍이 거품이었던 것은 사실이지만, 결국 인터넷 기술은 세상을 획기적으로 바꾸었다. 마찬가지로 코인의 시대에 수많은 거품이 있고 저마다 자기들이 만든 코인이 진짜라고 주장한다. 그들 중 대다수는 사라지고 말겠지만 그렇다고 해서 앞으로 세상이 코인의 시대로 변화하게 될 것까지 부정할 수는 없다. 반드시 인류는 암호화폐의 시대를 살아가게 될 것이다. 실물화폐에서 금속화폐로 다시 금태환화폐에서 법정화폐로 진화해 온 인류 최대의 발명품인 돈은 이제 중앙기관이 없이도 신뢰할 수 있고, 지구가 존재하는 한 절대로 없어지지 않는 블록체인 암호화폐의 시대로 진화할 수밖에 없기 때문이다.

여기서 소개된 코인들은 현재 진행 중인 치열한 '코인 전쟁'에서 나름 세상의 관심과 주목을 받은 주요 암호화폐들이다. 하지만 독자들의 소중한 자산 투자를 위해 추천하는 것이 아님을 명확히 밝혀둔다. 다양한 종류의 코인들의 특징과 장단점을 파악함으로써 앞으로 암호화폐로 인해 펼쳐질 세상의 변화를 이해하고 예측하는 것이 진정한 목적이다.

코인 춘추전국을 여행하는 히치하이커를 위한 안내서

블록체인과 암호화폐를 잘 모르는 사람들에게 영어로 된 전문 용어와 전문적 기술 용어 등의 생소한 개념은 더욱 어려울 수 있다. 코인 춘추전국에서 길을 잃고 '멘붕'에 빠진다면 단 한 가지만 기억하라. 블록체인에 있어서 가장 중요한 문제는 누가 새로운 블록을 만들고, 참여하는 구성원들이 어떻게 합의하느냐이다.

학급에서 반장을 뽑는다고 가정해 보자. 시험 성적을 바탕으로 가장 공부를 잘하는 학생을 반장으로 뽑을 수도 있고, 인기투표로 가장 많은 표를 얻은 학생을 뽑을 수도 있다. 가장 부잣집 학생을 반장으로 선출할 수도 있다. 이런 방식이 마음에 안 든다면 임의로 제비뽑기를 해서 반장을 뽑을 수도 있다.

복잡해 보이는 암호화폐의 합의 방식은 실상 이렇게 반장을 뽑는 것과 같다. 새로운 블록 데이터를 만들고 공유하는 과정에서 어떤 원칙을 정할 것인지의 문제로 요약된다. 합의 과정을 효율적으로 단축시키면 거래 처리 속도는 빨라지는 대신 위·변조나 해킹에 취약해진다. 반대로 합의 과정을 꼼꼼하게 천천히 진행하면 신뢰성은 좋아지지만 거래 처리 속도가 늦어진다. 이러한 상호보완 관계를 잘 기억하자. 암호화폐의 합의 방식은 각 코인별 독특한 특징과 장단점을 구분하는 좋은 지표가 될 것이다.

춘추일패, 비트코인과 아이들

사토시의 비트코인 DNA

2008년 미국발 금융위기 이후, 사람들은 미국 달러 가치를 불안해하기 시작했다. 만약 미국이 망하기라도 하면 보유한 달러는 휴지조각이 될 것이기 때문이다. 비록 미국이 망하지는 않더라도 미국 경제가 계속 휘청거리면 달러 가치는 계속 떨어질 것이 자명하므로 사람들은 다른 대안을 찾게 되었다. 이런 타이밍에 등장한 것이 바로 비트코인이었다.

2011년 파운드 및 유로화 교환을 지원하는 최초의 비트코인 거래소가 설립되었고, '실크로드'라는 인터넷 암시장에서 마약 거래 지불 수단으로 사용되고 있음이 확인되며 30달러를 돌파했다. 6월에는 유명한 '마운트곡스' 거래소 해킹 사건이 발생하여 비트코인은 2달러 수준으로 폭락했다. 2012년 13달러 수준으로 가격을 회복한 비트코인은 2013년 3월 싸이프러스 금융 위기 및 세금 회피 수단으로 각광을 받으며 230

달러까지 급격히 올랐다.

　이로 인해 비트코인에 대한 대중의 관심이 커지자 2013년 11월 미의회는 청문회를 진행했다. 비트코인의 잠재력과 전망은 오히려 호평을 받았고 중국 인민 총재가 관련 활동을 승인해 최초로 1,000달러를 돌파했다.

　하지만 2014년 마운트곡스 파산, 중국 정부의 규제, 51% 공격 가시화와 같은 악재로 인해 결국 400달러 선이 무너졌다. 2015년 200~300달러 수준을 횡보하던 비트코인은 2015년 10월 〈이코노미스트〉 1면을 장식하며 다시 주목 받는다. 2016년 8월에는 비트파이넥스(Bitfinex) 미국 거래소가 해킹당해 무려 12만 개의 비트코인이 도난당했다. 그런데도 가격은 꾸준히 상승하여 968달러를 기록한다. 2017년, 3년 만에 다시 1,000달러를 돌파한 비트코인은 일본에서 합법적인 지불 수단으로 인정받으며 2,000달러를 넘어섰다. 8월에 비트코인 캐시가 등장하면서 비트코인 가격은 5,000달러라는 신기록을 경신한다. 2017년 9월 발표된 중국 정부의 ICO 금지 및 강력한 규제에도 불구하고 그 열기는 식을 줄 몰랐다. 마침내 2017년 11월 1일 미국의 시카고 상품 옵션 거래소에서 선물 거래를 개시하자 가격은 미친 듯 오르기 시작했다.

　2017년 12월 16일 19,386달러라는 최고점을 찍은 비트코인은 2018년 1월 중국과 한국 정부의 강력한 제재 방침 발표 후 50% 가까이 폭락하였다. 이후 일본 거래소 코인체크의 해킹 사고, 비트파이넥스와 암호화폐Tether에 소환장이 발부되면서 비트코인 가격은 모멘텀을 완전히 잃고 6,000달러 선까지 추락했다. 비트코인이 휩쓸고 지나간 광풍은 가히 글로벌 핵 폭풍 수준이었다.

비트코인의 시가총액은 2018년 8월 기준으로 170조 원이며 가장 인지도가 높은 대표적인 암호화 투자 자산(Crypto-Asset)이다. 2017년 12월 16일에는 350조 원을 기록한 바 있다. 삼성전자의 시가총액이 약 317조 원임을 고려할 때 웬만한 글로벌 기업의 시가 총액에 맞먹는 수준이다.

또한 비트코인은 다른 종류의 코인을 사거나 현금으로 환전하기 위해 거쳐야 하는 기축통화의 역할을 한다. 비트코인의 한계와 문제점을 개선한 다른 종류의 코인들이 계속 만들어지고 있는데 만약 비트코인이 기축 통화로서의 지위를 잃는다면 가치는 더 떨어질 수도 있다. 사실 비트코인이 기축 통화인 이유는 단 하나, 가장 먼저 탄생되어 지금까지도 작동하고 있기 때문이다.

2018년 8월 기준으로 전체 노드 수는 9,658개, 네트워크 참여자는 약 2천만 명이 넘는다. 블록체인의 특성상 시간이 흐를수록 블록체인 데이터는 더욱 길어지므로 위변조나 해킹은 더욱 어려워진다. 비트코인은 아직까지 해킹에 성공한 사례가 보고된 바 없으며 신뢰성 측면에 있어서 검증되었다고 할 수 있다. 하지만 시간이 흘러 비트코인보다 뛰어난 성능을 갖춘 차세대 암호화폐의 신뢰성이 증명된다면 비트코인은 그 지위를 잃을 수 있다.

또 다른 변수는 전세계적으로 법적 규제가 정비되면서 비트코인이 제도권으로 들어올 수 있을 것인지, 그렇다면 아직까지는 관망세에 있는 기관 투자자들이 얼마나 비트코인의 가치를 인정할 것인지 여부다. 만일 법적 규제가 완성되어 비트코인이 제도권으로 들어오는 타이밍에 이미 다른 종류의 암호화폐들의 신뢰성마저 충분히 입증 받는다면 비트코인은 기관투자자들에게 더는 매력적인 투자 대상이 아닐 수 있다. 다만 그동안 기관 쪽의 움직임은 비트코인을 중심으로 본격적인 검토가 이루어지는 것으로 보인다.

2017년 12월 시카고 옵션 거래소(CBOE)는 비트코인 선물 거래를 최초로 시작했으며 일주일 후 경쟁 관계에 있던 시카고 상품 거래소(CME)에서도 비트코인 선물 거래를 개시했다.

선물 거래는 향후 비트코인 가격이 오를지 또는 내릴지 미리 예상해 가치를 사고파는 것이다. 이러한 움직임은 비트코인이 주류 금융시장에 진입했다는 신호로 평가된다. 비트코인에 대해 비교적 긍정적인 태도를 보여온 골드만삭스와 독일의 도이체뵈르제도 비트코인 선물 상품 및 암호화폐 파생상품 출시를 검토 중이라고 한다.

페이스북에 대한 초창기 아이디어로 마크 주커버그와 소송전까지 벌였던 윙클보스 형제가 2013년부터 비트코인 ETF(Exchange Trade Fund)의 승인을 지속적으로 추진하고 있다. ETF는 비트코인 지수를 바탕으로 펀드를 조성하여 일반인들의 간접투자를 허용하는 방식이다. SEC 미국 증권 협회는 2017년 이미 윙클보스 형제의 ETF 신청을 부결했다. 윙클보스 형제는 상품 규칙을 바꾸어 재신청했지만 2018년 7월 SEC

미국 증권 협회는 투자자 보호 명분으로 이를 재차 부결했다. ETF 외에 밴엑(Van Eck), 비트와이즈(Bitwise) 자산운용 그리고 스타트업인 솔리드엑스(SolidX) 운용 등도 비트코인에 연동된 ETF 상장을 추진 중이다. 이들에 대한 SEC의 결정은 조만간 나올 듯하다.

비트코인은 훌륭한 신뢰성과 보안성을 자랑하지만 가장 큰 문제점은 하나의 새로운 거래 내역을 담은 블록이 완성되려면 최소 10분이 걸린다는 점이다. 10분당 비트코인이 처리할 수 있는 거래 건수는 고작 1,500에서 2,200건 정도, 이를 초당 거래수로 환산하면 2-3건에 불과하다. 참고로 대표적인 신용카드 회사인 비자는 초당 2,000건 정도의 거래를 처리한다.

비트코인 처리 속도가 늦은 이유는 블록 안에 담을 수 있는 데이터의 양이 고작 1MB이기 때문이다. 네트워크에 전파되는 속도까지 고려한다면 실제 거래 확인은 몇 시간에서 며칠씩 걸릴 수 있다.

실생활에서 커피 한 잔을 결제했는데 몇 시간이나 걸린다면 화폐로 사용할 수 없다. 또한 거래가 늘수록 처리되지 못한 거래 요청들이 쌓여 병목 현상을 일으킨다. 이러한 문제를 일시적으로 해결하고자 결제 지갑을 지정하는 경우도 있다. 예를 들어 일본의 비트플라이어는 상점과 소비자 중간에서 비트코인 결제를 도와준다. 블록체인 상에서 채굴자들의 거래 승인이 나기까지 시간이 걸리기 때문에 비트플라이어가 중간에서 일단 결제를 승인해주는 방식으로 거래 속도를 높이는 방법이다. 하지만 거래용 지갑이 한정되고 중간 거래자가 개입하는 방식이므로 진정한 해결책으로 보기 어렵다.

이러한 상황에서 비트코인 블록을 생성하는 채굴자들은 특별 혜택을 받는다. 블록을 새로 생성할 때 원하는 대로 수수료를 정할 수 있다. 결국 비싼 수수료를 지불할 의향이 있는 사람의 거래 요청을 먼저 블록에 담는다. 비트코인 초기에는 수수료가 저렴한 편이었지만 가격이 상승하면서 수수료도 많이 올랐다. 경우에 따라 다르지만 보통 몇 천 원에서 몇 만 원 정도의 수수료가 발생하는데 소액 결제용으로는 너무 비싸다. 해외에 송금할 경우 은행 수수료보다는 덜 들고 비교적 빠른 편이지만 실생활에서 현금을 대신하기엔 역부족이다.

그뿐 아니라 당초 사토시의 의도와는 다르게 비트코인을 중심으로 채굴자 권력이 중앙화되는 것도 문제다. 현재 개인이 비트코인을 채굴하는 것은 불가능하고 전문 채굴업자 대부분이 중국에 위치하고 있으며 상위 다섯 개 마이닝풀이 채굴의 74%를 독점하고 있다. 이로 인해 현재까지 발행된 약 1,700만 개 중 89%의 물량이 1% 계정에 보유되어 있다.

사토시 나카모토는 탈중앙화 및 분산화를 통해 금융권의 독점적 지위를 없애려 했지만, 사실상 비트코인을 중심으로 새로운 자본 권력이 등장하게 되었다. 대부분은 비트코인을 꼭 쥐고 내놓지 않아서 시장에서 거래되는 물량이 매우 적은 편이다. 이들이 비트코인을 대량 쏟아내어 시장을 뒤흔들 위험은 항상 존재한다. 또한 일시적으로 시장 호재에 따라 수요가 몰리면 가격이 급등하고 거래소 해킹이나 정부 규제와 같은 악재가 터지면 가격이 폭락한다.

과연 비트코인이 진정한 탈중앙화된 화폐 권력을 이루었다고 할 수 있을까? 비트코인이 기존 금융 세력의 독점적 권력을 흔들어 놓는 것에는 성공했지만 또 하나의 중앙화된 자본 세력을 만들었다고 보는 것이 타당하다.

비록 비트코인은 아직까지 나름의 한계와 문제점을 가지고 있지만 블록체인 기술이 세상을 바꿀 수 있다는 가능성을 보여주었다는 점, 그리고 오픈 소스를 통해 다양한 암호화폐가 탄생할 수 있도록 기여했다는 점은 매우 긍정적인 성과라고 할 수 있다.

아울러 비트코인의 거래 처리 속도를 높이기 위해 세그윗(전자 서명 부분을 분리하여 내부 거래 처리량을 늘리는 기술, 상세 내용 부록 참조)을 도입했고, 거래 처리 속도를 획기적으로 개선시킬 수 있는 라이트닝 기술(거래 당사자 간의 채널을 만들어서 빠르게 거래 처리를 하는 기술, 상세 내용은 부록 참조)을 준비 중이다. 또한 블록 용량을 2MB에서 8MB로 유동적으로 증가시켜 실생활 거래용 화폐에 좀 더 가까워진 '비트코인 캐시(약 1,700만 사용자 및 2,015개의 노드)', 채굴 권력화 문제를 해결하기 위해 ASIC 특수 전문 장비로는 더 이상 채굴이 불가능한 '비트코인 골드(189개의 노드)', 블록생성 시간을 ¼로 줄이고 통화량을 4배로 늘리면서 라이트닝 기술을 채택한 '라이트코인(242개의 노드)'처럼 개선된 비트코인 계열의 암호화폐들이 계속 출시되고 있다.

현재 비트코인은 희소성을 바탕으로 전자 화폐보다는 유동자산의 성

격으로 고려되며 비트코인 캐시는 실생활 거래용 전자화폐를 지향한
다. 또한 라이트코인은 비트코인 캐시보다 빠른 거래 처리 속도를 지원
한다.

여전히 비트코인 정통성에 대해서는 논란이 있지만 사실 암호화폐의
기능이 분화되어 나타난 자연스런 진화의 결과로 보인다. 이는 소스 코
드가 누구나 조회할 수 있는 오픈형 기술이기에 가능하다.

화폐가 진화한다는 것은 기존 법정 화폐를 뛰어넘을 수 있는 주요 특
징이기도 하다. 마치 부모 세대가 다음 자녀 세대에 유전자를 물려주는
과정이 반복되면서 다양한 진화가 발생하듯 암호화폐에도 비슷한 일이
생기고 있다. 진화가 발생하면 DNA의 구조가 변화하듯이 블록체인에
도 체인 분기가 발생한다. 전문용어는 '하드포크(hard fork)'라고 하며 이
전 네트워크와는 호환되지 않아 새로운 네트워크를 구성하게 된다(상세
내용 부록 참조). 마치 자녀가 성인이 되어 부모에게서 독립하여 본인의 집
을 장만하고 가정을 꾸리는 것에 비유할 수 있다.

비트코인 캐시는 블록의 크기를 늘리는 과정에서 기존 비트코인 블록
체인 데이터를 이용하여 특정 블록부터 새로운 변화를 적용한다. 따라
서 기존의 비트코인 네트워크와는 호환되지 않지만, 이미 비트코인을
보유한 사람들에게 동일 숫자만큼 비트코인 캐시를 지급한다. 다양한
분화가 발생해도 비트코인 블록체인 데이터를 사용하는 한 비트코인
보유자 입장에서는 손해 보는 장사가 아니다. 실제로 비트코인 가격이
오르거나 내리면 비트코인 캐시와 라이트코인도 비슷한 움직임을 보인

다. 비슷한 유전자를 공유하는 비트코인 패밀리인 셈이다.

사토시 나카모토는 비트코인을 처음 만들 때부터 이러한 가능성까지 염두에 두었을까? 그가 직접 이러한 형태의 진화를 언급한 바는 없지만 비트코인 최초의 소스 코드를 공개한 점을 고려한다면 이러한 변화를 의도했을 가능성이 높다.

비트코인을 포함한 암호화폐가 꾸준히 진화하면서 결국 제도권으로 편입되려면 궁극적으로 세금 문제와 금융 실명제 문제를 해결해야 한다. 그래야만 탈세나 돈세탁과 같은 문제를 원천적으로 방지할 수 있다.

현재 유럽, 미국, 일본 등은 암호화폐를 유가증권이나 유동자산으로 인정하려 하고, 금융 실명제를 적용하여 이에 대한 세금을 부과하는 법안을 준비 중이다.

제도가 정비되어 비트코인 패밀리가 본격적으로 실생활에 사용되면 위기감을 느낀 정부에서 직접 암호화폐를 발행할 수도 있다. 게다가 국가에서 직접 암호화폐를 발행하면 동전이나 지폐를 찍어내는 데 드는 비용을 획기적으로 줄일 수 있고, 그러면 결국 다중 암호화폐 시스템이 될 것이다.

민간에서 자율적으로 사용하는 암호화폐와 국가가 발행한 암호화폐가 공존하는 생태계가 머지않아 도래할 수도 있다. 국가에서 발행한 법정 암호화폐와 민간에서 발행된 민간 암호화폐가 기축통화의 역할을 놓고 치열하게 경쟁할 수도 있다. 화폐 자체가 교환 및 매개 수단, 가치 척도의 기준, 가치 전송 기능, 부의 저장 수단 등 여러 기능을 가지고 있기 때문에 한 가지 암호화폐로 모든 화폐의 기능을 감당하기는 힘들다.

비트코인 패밀리는 각자의 용도에 맞게 분화되어 법정화폐와 본격적으로 경쟁할 것이고 이는 화폐 전쟁과 코인 전쟁의 매우 중요한 변곡점이 될 것이다.

춘추이패, 월드 컴퓨터 운영체제 이더리움

난 외계인이 아니다

이더리움은 2015년 비탈릭 부테린이 개발한 시가총액 2위의 대표적인 암호화폐이다. 코인 거래 기록뿐만 아니라 계약서 기능을 제공한다. 전 세계 수많은 사용자가 보유한 컴퓨팅 자원을 활용해 네트워크를 구성하고 계약이 자동 수행되도록 운영되기 때문에 '월드컴퓨터 운영체제(Operating System)'라는 별명을 가지고 있다.

비트코인 계열이 화폐의 거래 기능에 한정되었다면 이더리움은 계약서와 컴퓨터 프로그램을 담을 수 있다. 그래서 비트코인이 단순 계산기라면 이더리움은 수많은 앱을 담고 있는 스마트폰으로 비유된다. 또한 이더리움은 다양한 탈중앙 앱 제작을 지원하며, 개발자는 탈중앙 앱에 사용되는 토큰을 만들 수 있다. 우리가 앱을 사용하며 필요에 따라 비용을 지불하듯 탈중앙 앱을 사용하기 위해 토큰을 구입하고 거래하는 원리이다.

이더리움은 '이더'라는 암호화폐가 이용되는데, 화폐 거래나 탈중앙 앱 구동에 필요한 수수료에 해당하는 가스를 구입하는 용도로 사용된다. 결국 이더리움 기반 사용자가 많아지고 탈중앙 앱이 많아질수록 '이더'의 수요는 자연스럽게 올라가게 된다.

비유하자면 이더리움은 건축자들에게 땅과 건축 자재를 제공하고 건축자들이 집, 상가, 건물 등을 쉽게 지을 수 있도록 기본 설계 도면을 제공한다. 건축이 완료되어 많은 사람들이 집, 상가, 건물을 이용하면 거기서 수수료를 받는, 일종의 생태계 시스템이라고 볼 수 있고 이를 플랫폼이라고도 한다.

최초의 블록체인 기반 암호화폐 플랫폼인 이더리움은 약 3천만개 이상의 지갑이 만들어진 것으로 알려져 있고, 운영 중인 노드 수는 2018년 8월 기준으로 19,708개이다.

부테린이 이더리움을 발표했을 때에만 해도 너무 급진적인 아이디어였기 때문에 그는 한동안 사기꾼 취급을 받았다. 화폐의 기능뿐 아니라 그 안에 계약서를 담고 이를 구동시키기 위해 연결망에 있는 모든 컴퓨터를 동시에 업데이트한다는 생각은 아주 먼 미래에나 가능한 일로 여겨졌기 때문이다.

이더리움이 출시되던 2015년만 해도 비트코인 가격은 불과 230달러대였으며, 이전의 여러 악재로 인해 비트코인 자체의 성공에 대한 회의론이 팽배했던 시기였다. 대표주자인 비트코인조차 여전히 실험 단계에 불과한데 비트코인으로 투자를 받아 코드 실행이 가능한 암호화폐를 만들겠다는 비탈릭의 아이디어는 당연히 섣부른 발상으로 보였을 것이다. 암호화폐의 최초 ICO를 실행한 사람도 그였다. 시대를 뛰어넘은 아이디어를 바탕으로 블록체인의 새로운 시대를 연 비탈릭 부테린은 과연 어떤 인물일까? 약간의 상상력을 보태어 그의 이야기를 허구의 형식으로 정리해 보았다. 저 멀리 안드로메다 은하에서 온 외계인이라는 별명을 가지고 있는 천재 비탈릭 부테린을 만나보자.

비탈릭 부테린 이야기

나는 1994년 1월 31일 러시아의 모스크바 근처 도시 콜롬나에서 태어났다. 부모님은 모스크바에서 공부하는 학생이었고 나는 부모님이 학교에 가 있는 동안 주로 할아버지와 시간을 보냈다. 혼자 보내는 시간이 많아 내성적이고 조용한 성격을 갖게 된 듯하다.

아버지는 컴퓨터를 연구하는 과학자였는데, 어린 내게 아주 재밌는 장난감을 하나 선물해 주셨다. 마이크로소프트의 엑셀(Excel)이었는데 4살이라는 어린 나이었지만 나는 그 엑셀에 푹 빠져버렸다. 엑셀은 단순한 계산용 장부가 아니라 다양한 함수와 비주얼 베이식이라는 언어를 지원하는 대단한 프로그램이었다. 나는 바깥에서 친구들과 어울리기보다는 컴퓨터와 시간을 보내며 놀았다. 내가 좀 덕후 같은 이미지가 있는데 4살 때부터 이미 그런 소질을 보인 것 같다.

내가 6살이 되자 더 좋은 여건에서 살아야겠다는 부모님의 결심 덕분에 캐나다로 이민을 가게 되었다. 당시 러시아는 경제적으로 엄청나게 힘들었고 캐나다의 교육 여건은 러시아와는 비교가 되지 않게 좋았다.

초등학교 3학년이 되자 나는 특별 재능반에 들어갔다. 계속 러시아에 있었다면 학교에서 왕따가 되었을지도 모른다. 보통 또래 남자 아이들은 힘자랑이나 하고 맘에 들지 않는 녀석을 때려눕히는 일에나 관심이 있었다.

어쨌든 캐나다로 이민을 오게 된 것은 내 인생에 찾아온 첫 번째 행운이었다. 나는 수학과 컴퓨터 프로그래밍을 무척 좋아했다. 수업 시간에 내가 복잡한 암산을 재빨리 해치우면 친구들과 선생님들이 깜짝 놀랐다. 초등학교, 중학교를 다니면서 수학, 프로그래밍, 경제학에 대한 나의 관심은 더욱 깊어졌다.

캐나다 동부 지역인 토론토에 위치한 Abelard라는 사립 고등학교를 4년간 다녔는데 이것이 내 인생에 찾아온 두 번째 행운이었다. 4년 동안 학교를 다니면서 정말 재밌게 공부했다. 다른 아이들이 더 좋은 대학교에 진학하기 위해 노력할 때 나는 진정한 교육과 공부의 매력을 느꼈다. 하고 싶은 공부를 해야겠다고 결심했고 학습하는 방법을 배웠다.

교육이란 그저 이런 저런 사실들을 외우거나 개념을 이해하는 것이 아니라 진짜 중요한 것은 어떻게 생각하는지를 배우는 것이다. 데카르트의 명언 "나는 생각한다. 고로 존재한다"의 진정한 의미를 깨달았다. 논리적으로 추론하고 자기가 하고 싶은 것을 배우는 방법을 찾는 것이 진짜 교육이라고 생각한다. 사립 고등학교를 다니면서 좋은 선생님들의 도움도 많이 받았고 나의 지적 능력이 비로소 폭발적으로 성장했던 것 같다. 학교에서 그다지 인기가 많은 편은 아니었지만 새로운 것을 배워가면서 진짜 행복을 느꼈다. 덕분에 국제 올림피아드 대회에서 동메달도 땄다.

17살 때 아버지가 내게 비트코인에 대해 알려주셨다. 매우 흥미로운 전자화폐인데 어떻게 생각하느냐고 물으셨다. 솔직히 그땐 비트코인에 별 관심이 없었다. 아무리 봐도 비트코인에는 진정한 가치가 없다고 생각했기 때문이다. 하지만 비트코인이 작동하는 원리를 살펴보니 좀 흥미가 생겼다. 별 돈은 안 되겠지만 분산 컴퓨팅에서 오랫동안 난제로 알려져 있던 문제를 흥미로운 방식으로 해결했음을 알게 되었다. 더구나 오픈 소스라서 누구나 어떻게 코드가 만들어졌는지 이해할 수 있었다. 공부할수록 재밌어서 투자도 약간 했고, 사람들에게 비트코인을 알리기 위해 블로그에 기사를 작성하는 아르바이트도 했다.

처음 받았던 금액은 비트코인 5개였는데 당시 시세로 3.5달러 정도에 불과했다. 아쉽게도 비트코인이 대중의 주목을 받지 못하던 때라 결국 그 웹사이트는 폐쇄되었다. 그러다가 2011년 9월 경에 비트코인 매거진이라는 출판물을 만들자는 제안을 받았다. 어차피 블로그에 기사를 꽤 올렸던 터라 손해볼 게 없다고 생각해서 제안을 받아들여 비트코인 매거진을 함께 설립했고 작가로 열심히 활동했다. 자연스럽게 비트코인과 암호화폐를 깊이 이해할 수 있었고 주변에 알리기 위해 열심히 노력하게 되었다.

비트코인이 점차 사람들의 주목을 받으면서 초창기에 벌어 놓았던 비트코인이 꽤 큰돈이 되었다. 그 덕에 자유롭게 여행을 할 수 있었다. 그때만 해도 비트코인을 실생활의 전자화폐처럼 쓰려는 노력들이 있었다. 그러다가 우연히 이스라엘을 갔는데, 그곳에서 아주 흥미로운 프로젝트가 진행되고 있다는 사실을 알게 되었다. 컬러드 코인이라는 새로운 종류의 암호화폐로 주식, 부동산 등기, 지적 재산 등을 블록체인에 담으려는 시도였다. 비트코인이 단지 화폐의 수단이라면 이런 코인들은 더 다양한 용도로 사용될 수 있다는 생각이 들었다. 뒤통수를 한 대세게 맞은 듯한 느낌이 들었다.

'비트코인에다가 컴퓨터 프로그램 코드를 담으면 어떨까? 그럼 단지 암호화폐뿐만 아니라 위변조가 불가능한 프로그램을 만들 수 있지 않을까? 그럼 비트코인의 용도가 정말 다양해지잖아!'

나는 비트코인 재단에 이 생각을 전달하고 새로운 프로젝트를 시작해야 한다고 주장했다. 그들은 참신하다며 공감해 주었지만 당장 자신들이 할 수 있는 일이 아니라고 했다. 먼 미래에나 구현 가능할 아이디어라며 말이다. 이후 몇 차례 더 설득을 해보았지만 시큰둥한 반응에 결국 단념했다.

아쉬운 마음과 좌절감이 교차하던 중 문득 '비트코인에서 하지 않으려고 한다면 내가 만들면 어떨까?'라는 생각이 들었다. 그래서 컴퓨터 코드를 담을 수 있는 블록체인 기술의 원리를 계속 고민했고 마침내 2013년말 '이더리움 백서'를 완성했다. 돌이켜보니 비트코인 재단에서 제안을 거절당한 것은 내 인생에 찾아온 세 번째 행운이었다. '전화위복', '새옹지마'라는 동양의 격언이 생각나는 대목이다.

만약 비트코인이 코드를 포함하는 블록체인으로 개량되었다면 나는 그저 비트코인 주변을 맴도는 평범한 젊은이에 불과했을 것이다. 나는 우연히 아버지 덕분에 암호화폐 세상에 발을 딛게 되었고 훌륭한 사람들과 함께 세상을 바꾸는 기술을 개발하게 된 행운아다. 이러한 노력 덕분에 2014년 페이스북 마크 주커버그를 제치고 틸 장학금(Thiel Fellowship Award)과 세계기술상(World Technology Award)을 수상할 수 있었다. 내게는 많이 과분한 상이라고 생각한다.

사실 이더리움을 시작하고 수많은 시련과 좌절도 겪었다. 이더리움의 코딩 기능을 바탕으로 스마트 컨트랙트를 제대로 구현하면 복잡한 의사 결정 과정을 투명하게 운영할 수 있다. 이른바 '탈중앙화된 자율 조직 ((Decentralized Autonomous Organization, DAO)'을 만들 수 있기 때문이다.

DAO 토큰이 발행되자 순식간에 엄청난 투자 자금을 모을 수 있었다. 사람들은 이렇게 모인 자금을 어디에 어떻게 사용할지 투표로 의사 결정을 하고 그에 따른 수익을 분배하는 획기적인 사업 모델이었다. 안타깝게도 여기 담겨진 코드에 보안에 취약한 버그가 있었는데 급하게 진행하다 보니 미리 발견하지 못했다.

블록체인에 코드가 일단 담기면 나중에 문제가 확인되어도 수정이 불가능한 단점이 있다. 이런 문제점을 미리 파악한 해커가 수익을 분배하는 코드 버그를 이용하여 자신에게 암호화폐가 지급되도록 악용했다.

어쩔 수 없이 DAO 프로젝트의 실패를 선언해야 했고 투자자들은 피해를 입게 되었다.

　해커들은 왜 이런 나쁜 짓을 할까? 당시에는 이해할 수 없었고 매우 화가 났다. 이후 시간이 흐르고 깨달은 사실이 있다. 사람의 동기부여는 크게 세 가지로 나눌 수 있는데 재미, 의미 그리고 돈이다. 세상에 없던 새로운 것이 등장하면 다들 호기심에 그것을 주목한다. 바로 재미이다. 새로운 시스템이 해커들의 1순위 공격 대상인 이유이기도 하다. 새로운 시스템 해킹에 성공한 해커는 그 바닥에서 엄청 유명해지고, 자신이 매우 똑똑하고 잘났다는 지적 우월감과 성취감을 느끼는데 이것이 두 번째 요소에 해당한다. 해킹해서 남의 돈을 가로채는 것은 나쁜 행동이지만 결국 자신의 소유가 된다. 세 번째 요소에 부합한다. 이처럼 해킹에는 사람을 움직이는 세 가지 요소가 모두 있다 보니 새로운 기술은 늘 해커의 공격 대상이 될 수밖에 없다.

　사실 인류의 역사는 남의 것을 빼앗는 역사였다. 우리에겐 남의 것을 빼앗으며 치열하게 살아남은 이기적인 유전자가 내재되어 있다. 협동과 협력을 통해 다 함께 더 좋은 세상을 만들 수 있다는 사실을 깨달은 시기는 비교적 최근이다. 내가 경제학에 매료된 이유 중 하나가 바로 사람들의 욕망과 이기심이 경제라는 시스템을 통해 서로 조율된다는 점이었다. 그런 면에서 블록체인 기술이 경제학에 가장 중요한 화폐로 구현된 것은 필연이었다고 생각한다. 그래서 사토시 나카모토를 진심으로 존경한다.

내가 이 프로젝트를 통해서 깨달은 것은 사람은 성공보다는 실패를 통해서 배우는 것이 많다는 점이다. DAO 프로젝트 사례에서 알 수 있듯이 블록체인 프로젝트는 '신뢰'가 생명이다. 신뢰를 지키려면 수많은 절차들을 검증하고 또 확인해야 한다. 아무리 마음이 급해도 서두르면 일을 망치기 쉽다. 다들 '실패는 성공의 어머니'라고 하지만 솔직히 실패를 좋아하는 사람은 없다. 일단 실패하면 다시 일어서기 위해서는 두 배, 세 배의 노력이 필요하다. 따라서 다른 이들의 실패를 보면서 교훈을 얻는 것이 진짜 현명한 태도다.

이것이 이더리움을 뛰어넘기 위해 새로운 코인을 개발하는 사람들에게 진짜 해주고 싶은 이야기이기도 하다. 이더리움을 만들고 나서 해킹 공격을 받아서 할 수 없이 하드포크도 해야 했고, 이더리움 네크워크가 멈출 뻔한 위기도 몇 차례 있었다. 많은 사람들이 이기적인 욕망을 바탕으로 행동하지만 그래도 선한 의지와 이성을 가진 사람들도 많다는 사실을 깨달았다. 나는 이더리움이 언젠가 더 좋은 세상을 만드는 데 훌륭한 도구로 사용되리라고 확신한다. 물론 앞으로도 수많은 시련과 역경이 있겠지만, 결국은 꼭 해낼 수 있으리라 생각한다. 인류는 늘 그렇게 발전해 왔으니까.

춘추삼패, 킬러 본능 이오스^(EOS)의 출사표

이더리움, 너 나와!

2011년 스티브 잡스는 '안드로이드와의 전쟁'을 선포했다. 안드로이드가 아이폰의 특허를 무단 도용했다면서 어떤 대가를 치르더라도 시장에서 쫓아내겠다고 선언했다. 그러자 삼성은 고민에 빠졌다. 원래 애플은 삼성의 반도체, 디스플레이, 배터리와 같은 핵심 부품을 구입하는 주요 고객이었다. 그런데 삼성은 구글이 개발한 안드로이드를 탑재한 스마트폰을 출시해서 애플과 경쟁자가 되었기 때문이다.

"어떤 대가를 치르더라도 쓴 맛을 보여주라"는 잡스의 명령에 애플은 안드로이드 스마트폰의 대표 주자였던 삼성에 전방위 폭격을 가했다. 애플과 삼성의 피할 수 없는 숙명적인 한판 대결이 결정되었고 특허 분쟁에 대한 전면전이 시작되었다.

이때 삼성은 두 가지 전략을 펼쳤다. 첫 번째는 특허 분쟁을 통해 일반인들에게 '삼성-애플 양강 구도'를 인식시키는 것이었다. 이러한 노이즈 마케팅을 통해 삼성의 스마트폰 인지도는 급상승했다. 두 번째로 삼성은 '갑의 횡포'라는 프레임을 이용했다. 자연스럽게 애플은 특허를 핑계로 후발업체와 밥그릇 싸움이나 하는 못된 기업으로 비쳐졌다.

몇 차례 판결이 뒤바뀌면서 7년 간의 긴 싸움은 결국 애플의 승리로 끝났다. 하지만 이 전쟁에서 애플이 얻은 것은 많지 않다. 물론 삼성에게 10억 달러 가까운 배상금을 받긴 했지만 통장에 2,670억 달러를 쌓아놓고 있는 애플에겐 그야말로 '껌값'에 불과했고, 오히려 특허 전쟁 덕분에 삼성의 글로벌 인지도만 훨씬 더 올라갔다. IDC에 따르면 2018년 세계 스마트폰 시장에서 안드로이드의 시장 점유율은 85%를 넘는 반면 아이폰은 15% 이하의 점유율을 차지한다.

이오스가 '이더리움 킬러'를 주창하며 이더리움-이오스 구도를 프레임으로 설정한 것을 보면 애플-삼성의 특허 분쟁 소송이 떠오른다. 이러한 프레임 선점 마케팅을 통해 인지도를 올리고 이더리움의 문제점과 한계를 극복한 대안으로 인식시키겠다는 의도가 보인다.

이오스는 원래 개발 자금을 무상으로 기부받는 대신 이더리움을 기반으로 발행된 토큰이었다. 2018년 6월 현재 시가총액 5위를 차지한 이오스는 블록원이 2016년 개발에 착수했으며 이더리움에 비해 매우 빠른 속도로 거래 처리가 가능하다. 기존 이더리움의 작업증명 방식과 달리 '위임 지분증명(Delegated Proof-of-Stake) 방식'을 채택했기 때문이다. 쉽게 말하자면 일종의 대의 민주주의와 같은 형태로 운영하여 빠른 합의를 유도하는 방법이다(상세 내용 부록 참조).

사용자는 수수료를 지불하지 않고 개발자가 지불하는 특징을 가진다. 2018년 4월 기준으로 이더리움은 초당 20 거래를 처리할 수 있으나 이오스는 평균 3천 거래를 처리할 수 있다. 이더리움 블록체인에서 상시 판매 형식으로 ICO를 진행해왔으며 2018년 6월 자체 메인넷으로 서버를 옮겨 정식 출시할 예정이었다. 그러나 2018년 5월 보안상의 결정적인 취약점이 중국 인터넷 보안 업체에 의해 발견, 이후 패치를 적용한 EOSIO v1.0.3을 예정대로 6월 출시했다.

이오스 개발을 주도한 댄 라리머는 이오스 블록체인 플랫폼을 만드는 블록원의 CTO이다. 그는 최초로 '탈중앙화된 자율 회사(decentralized autonomous company, DAC)'를 고안했다. 2016년 6월 댄 라리머는 비트쉐어 커뮤니티와 함께 세계 최초의 DAO(탈중앙화 자율 조직)를 만들기 위해 노력해왔다. 그의 목표는 블록체인 기반 솔루션을 통해 모두를 위한 삶, 자유, 재산을 확보하고 지키는 것이다. 그는 항상 이 세계에서 무엇이 일어나는지, 그것들이 어떻게 작동하는지 알고 싶었다고 말한다.

"나는 자발적인 협력을 믿습니다. 그리고 계약 사회를 넘어 한 발 더 나아가고 싶습니다. 계약 사회에서 사람들은 당신에게 뭔가를 하게 하고 정부가 당신에게 총을 겨누게 할 수 있습니다. 계약은 항상 정부의 힘에 굴복해 왔습니다. 이는 많은 비용과 비극을 낳았죠. 저는 악수에 의해 형성될 수 있는 비즈니스를 만들고 싶고 평판을 중요하게 여기고 싶습니다. 당신의 평판이 나빠지게 된다면 당신의 비즈니스가 흔들릴 것이기 때문이죠. 이것은 결코 강요에 의한 것이 아닙니다. 약간 바꾼 황금률과 같죠. 내가 원하지 않는 것을 다른 사람에게 하지 말라는 문구입니다.” (댄 라리머 인터뷰 요약)

이오스의 가장 큰 장점은 빠른 처리 속도, 수수료를 사용자가 지불하지 않는다는 점이다. 이에 비해 이더리움 기반의 탈중앙앱들은 개발자가 수수료를 지불하지 않고 사용자가 이더리움을 지불해야 한다.

이더리움과 이오스를 기반으로 카카오톡 같은 메신저를 만들었다고 가정해 보자. 이더리움으로 만들어진 카카오톡은 문자 한 번 보낼 때마다 사용료가 소진된다. 따라서 이더리움 기반 카카오톡을 쓰고자 하는 사람은 정기적으로 이더리움을 구입해야 한다. 반면 이오스 기반의 경우 사용자는 거래 자체에 비용을 내지 않는 대신 탈중앙 앱 개발자가 이오스 토큰을 보유해야 거래를 발생시킬 수 있다. 이러한 차이 때문에 카카오톡 같은 메신저, SNS, 검색엔진, 위키피디아처럼 무료로 사용되는 앱들은 이오스 같은 플랫폼이 훨씬 유리하다.

그렇다면 이오스의 단점은 무엇일까? 위임 지분 합의 방식(DPOS)은 전체 네트워크로부터 합의가 도출되는 방식이 아니라 적은 수의 대표 노드들만 합의 과정에 참여한다. 2018년 5월 기준으로 21명의 선출된 대표자 노드들에 의해 블록 생성이 이루어지고 이오스 토큰의 보유자들은 투표를 통해 104개의 블록 생성 후보들 중 대표 노드들을 선출할 수 있다. 하지만 적은 수의 노드로 인해 해커들이 공격 목표가 되기 쉽고, 투표라는 위임 과정이 있더라도 사실 대표자 노드들은 크게 바뀌지 않는다. 이미 비트코인에서 관찰된 채굴 권력화와 비슷한 현상이 발생될 가능성이 높다. 만약 대표자 노드들 중 불순한 의도를 가진 노드가 단 한 개라도 존재한다면 매우 치명적이다.

지갑 숫자는 약 33만개로 알려져 있다. 향후 이더리움도 지분증명으로 변경을 계획하고 있고 라이덴, 플라즈마, 캐스퍼(상세 내용 부록 참조) 같은 새로운 기술을 적용하여 획기적으로 거래 처리 속도를 높일 것으로 보인다.

결국 비슷한 두 생태계에 얼마나 다양한 종류의 탈중앙 앱 dApp이 만들어질지, 실생활과 비즈니스에 얼마나 새로운 가치를 창출할 수 있을지 여부에 따라 탈중앙앱 플랫폼 최종 승자가 결정될 것이다.

춘추사패, 야누스의 얼굴, 리플(Ripple)과 스텔라(Stellar)

블록체인의 고정관념을 깨다

이제는 대부분 중년이 된 우리나라 남성들의 마음에 추억으로 남아 있는 로봇이 있다. 일본판 애니메이션으로 국내에서도 선풍적인 인기를 끌었던 '마징가 Z'이다. 여기 나오는 다양한 캐릭터들은 매우 인기가 높았다.

반쪽은 남성, 다른 반쪽은 여성인 기괴한 얼굴의 악당 아수라 백작도 큰 인기를 끌었다. 원래 '아수라'는 불교에 나오는 악귀인데 싸움을 좋아해 '전쟁의 신'이 되었다. 그래서인지 싸움판을 아수라장이라고 부른다. 처음에는 선한 신이었지만 하늘에 덤벼들어 싸우면서 악한 신이 되었다. 아수라 백작은 서로 다른 두 얼굴을 뜻하는 '야누스'와 전쟁의 신 '아수라'를 조합한 캐릭터라고 볼 수 있는데 어린이 만화치고는 꽤나 인문학적 깊이가 있다. '야누스의 얼굴'은 보통 이중성을 나타내는 의미로 사용되며, 그 기원은 고대 로마의 신 '야누스'이다. 야누스는 앞뒤에 얼굴이 있으며 뒤 얼굴은 과거, 앞 얼굴은 미래를 응시한다. 두 얼굴은 역사를 통찰하여 미래를 준비하는 지혜를 상징한다.

리플과 스텔라는 야누스의 얼굴처럼 서로 닮은 듯 아주 다른 암호화폐이다. 같은 개발자에 의해 탄생되었으나 현재 운영되는 방식과 목표는 전혀 다르다. 리플은 은행권 사용을 목표로 하며 이익을 추구하는 리플이라는 회사에 의해 운영된다. 스텔라는 금융권의 도움을 받지 못하는 사람들을 위한 새로운 암호화폐이며 비영리 기관에 의해 운영된다. 그리고 둘 다 분산화 암호화폐가 아니라 중앙화된 암호화폐이다.

'중앙화된 암호화폐? 그걸 블록체인이라고 할 수 있나?'

처음 리플과 스텔라는 접했을 때 든 생각이다. 데이터베이스만 분산화된 코인이다. 특히 리플은 은행과 은행의 전송을 목표로 나온 코인이기 때문에 중앙화될 수밖에 없다. 그래서 전송이 빠르다.

리플은 블록체인 기술을 은행에 적용해 화폐들을 연결해주는 역할을 한다. 기존 암호화폐와는 다르게 금융거래 및 지불 시스템 등에 사용하기 위한 코인으로 볼 수 있다. 리플은 초기 발행이 무려 1,000억 개로 설계되었으며 실거래가 가능한 유통 물량은 382억 개, 발행자가 보유한 물량은 67억 개이다. 또한 550억 개를 시장 유통 및 공급 조절용으로 발행 측이 보관하고 있다. 총 발행량이 이처럼 어마어마하다 보니 가격 변동이 적어서 다른 암호화폐들이 갑자기 오를 때에도 별다른 움직임이 없어 투자자들은 '리또속(리플에 또 속았다)'이라는 신조어를 만들기도 했다.

결국 리플은 550억 개를 한 번에 시장에 풀지 않고 한 달에 10억 개씩 발행하겠다고 발표했다. 이 경우 리플이 전부 시장에 풀리는 데 4년 반의 시간이 걸린다. 공급량이 갑자기 대폭 줄어 가격이 급등했고, 급등한 가격을 보며 다시 리플에 투자하는 사람이 늘었다.

리플은 처음부터 블록체인 기반의 국제 송금 시스템용으로 설계됐다. 6단계에 걸쳐 이루어지는 국제 송금은 여러 단계에서 수수료가 발생하고 시간이 오래 걸릴 수밖에 없다. 이 과정 중 한 곳에 문제가 생기면 송금이 기약 없이 지연되거나 엄청난 수수료가 발생한다. 하지만 리플을 이용하면 빠르고 간편하게 송금할 수 있다. 예를 들어 한국에서 미국으로 돈을 보낼 때 원화를 리플로 환전하고 이를 다시 달러로 환전하면 된다. 거치는 구간이 짧으니 수수료도 거의 발생하지 않으며 무려 4초 만에 송금이 가능하다.

리플의 이런 장점은 특유의 블록체인 적용 방식 덕분이다. 대다수 암호화폐는 발행된 화폐 전체에 블록체인이 적용된다. 리플은 은행 등 대표자 사이에만 블록체인을 구축하므로 프라이빗 블록체인 기술이라고도 한다. 거래 속도를 빠르게 하는 암호화폐인 만큼 기존 금융시장도 비교적 거부감 없이 받아들이는 추세다. 2017년에는 아메리칸익스프레스가 '산탄데르(Santander) UK'의 영국 기업 고객과 자금을 송금할 때 리플을 통한 블록체인 결제를 도입했다.

리플 가격이 오르자 리플과 유사한 기능을 가진 암호화폐도 각광받고 있다. 리플 개발자였던 제드 맥캘럽이 퇴사 후 만든 '스텔라 루멘(XLM)'이 대표적이다. 리플과 달리 비영리단체 스텔라 재단에서 운용하는 암호화폐로, 리플이 기업 간 자금 송금을 편하게 하는 것이 목적이라면 스텔라 루멘은 개인 간 자금 거래를 쉽게 하고자 만들어진 화폐다.

제드 맥캘럽은 P2P 프로그램의 대명사인 '당나귀(eDonkey)'와 오버넷 그리고 최초의 비트코인 거래소인 마운트곡스를 만든 사람이다. 스텔라의 비전은 금융서비스의 비용을 낮춰서 개인의 가능성을 최대화하고 빈곤을 해결하는 것이다. 실례로 스텔라 루멘은 부미(Vumi)라는 메시지 앱에서 사용되는데, 사하라 남부 아프리카의 젊은 여자들이 돈을 모을 수 있게 하는 앱이다. 또한 오라디안(Oradian)이라는 회사에서 나이지리아 마이크로 파이낸스에 활용하기도 한다. 2016년에는 필리핀, 인도, 서아프리카와 파트너십을 맺었으며 2017년에는 IBM과 글로벌 결제의 속도를 높이는 파트너십을 진행해 주목 받았다.

리플과 스텔라는 중앙화된 암호화폐이다. 암호화폐는 반드시 탈중앙화해야 한다는 고정관념을 깬 사례라고 할 수 있다. 기존 중앙 집중형 방식과 암호화폐의 장점을 적절히 결합함으로써 제도권 안에서 블록체인 기술이 하루라도 빨리 활용될 수 있도록 접근했다.

과연 리플과 스텔라를 블록체인 암호화폐로 볼 수 있는지는 여전히 논란 중이지만, 중요한 것은 현실에서의 가치이다. 만일 누구도 해결하지 못한 문제를 독특하게 풀어낼 수 있다면 기술적인 논란은 중요하지 않을지도 모른다. 흥미로운 점은 리플은 은행 금융권 플랫폼으로, 스텔라는 개인용 거래 플랫폼으로 진화 중이라는 사실이다. 닮은 듯 서로 다른 야누스 화폐의 도전이 흥미롭다. 참고로 리플과 스텔라 모두 합의 과정 참여자들을 위한 금전적 동기부여가 존재하지 않는다. 과연 리플과 스텔라가 블록체인의 가장 본질적인 문제인 이 부분을 어떻게 풀어나갈지 주목할 필요가 있다.

춘추오패, 비터리움을 꿈꾸는 퀀텀(QTUM)

비트코인 + 이더리움 = 퀀텀

춘추전국 시대의 천하 쟁탈 과정에서 각국의 군주들은 국가의 자원을 잘 활용할 인재를 구하려고 애썼다. 실력만 있으면 누구나 인재로 등용될 수 있었기에 집안 배경이 없는 선비들에게는 기회의 무대였다. 강대국 진(秦)과 나머지 6개의 나라가 본격적으로 대결 구도를 짜고 있을 무렵, 뛰어난 정보력과 전략으로 군주들에게 유세하며 이름을 떨친 유세가들이 있었다. 손님으로 왔지만 VIP 대우를 받는 그들은 자국의 지형과 형세를 관찰한 후 그 정보를 유세 대상에게 팔면서 부와 명성을 쌓았다.

이들 중 각국에 위세를 떨친 대표적인 유세가로는 '소진'과 '장의'를 꼽을 수 있다. 주나라 출신 소진은 진의 공격에 6국이 함께 대응해야 한다는 '합종'을 내세웠다. 그는 여섯 나라가 종(縱)으로 서로 화친하여

진에게 대응하면, 위기에 처한 나라의 지형을 이용해 구원군을 효율적으로 활용할 수 있으며 중원을 장악할 수 있다고 보았다.

한편 소진과 라이벌 관계인 위나라 출신 장의는 진으로 넘어가 6국을 끝장낼 전략을 제시했다. 그는 진의 든든한 지원을 바탕으로 직접 6국을 돌며 협잡과 속임수를 적절히 사용해 합종을 끊고 진과 협력할 것을 내세웠는데, 결국 합종을 격파하고 진이 더 강해질 수 있는 발판을 마련했다.

혼란스런 시국이나 전쟁이 펼쳐지면 치열한 정보전과 외교 전쟁이 핵심이다. 목숨을 걸고 싸워야 할 적인지, 전략적 동맹을 맺어야 할 친구인지 빨리 제대로 판단해야 살아남을 수 있다. 어정쩡한 태도를 보이다가는 양쪽의 협공을 받을 수 있다.

코인 전쟁의 양상도 마찬가지다. 플랫폼 기준으로 보면 크게 비트코인 계열, 이더리움 계열 그리고 이더리움 타도를 외치는 신종 코인들로 구분할 수 있다. 이런 와중에 비트코인과 이더리움의 장점을 결합하고 호환성을 자랑하는 하이브리드 코인이 있다. 퀀텀을 볼 때 합종의 전략을 내세웠던 소진이 떠오르는 이유다.

2018년 6월 현재 시가총액 20위의 퀀텀은 비트코인과 이더리움의 장점을 결합한 하이브리드 블록체인 플랫폼이다. 원래 '이더리움 ERC20'(이더리움을 기반으로 토큰을 만드는 표준, 상세 내용 부록 참조) 기반 토큰의 형태로 출시되었으며, 토큰을 통해 자금을 모집하고 이를 바탕으로 독립된 네트워크를 구축했다. 이후 맞교환을 통해 퀀텀 토큰에서 퀀텀 코인으로 바뀌었다. 기대와 달리 한동안 가격이 오르지 않아 투자자들 사이에서 한동안 '똥템'이라는 놀림을 받기도 했다.

퀀텀은 지분증명(Proof-of-Stake) 방식(보유 코인 숫자를 바탕으로 블록 검증의 우선권을 부여하는 합의 방식. 상세 내용 부록 참조)의 프로토콜을 채택하고 있으며, 매년 1%의 인플레이션이 발생한다. 거래 처리 속도를 비약적으로 높일 수 있는 위임 지분증명 방식(DPOS) 대신 7,500개의 노드(2018년 5월 기준)를 바탕으로 한 전통적인 지분증명 방식을 채택하여 더 보안성이 높고 블록체인의 바탕이라 할 수 있는 탈중앙화된 모습을 보여준다.

총 발행한도는 1억 개이며 퀀텀의 핵심기술은 비트코인의 결제 시스템(UTXO)과 이더리움 가상 머신(EVM)을 연결할 수 있다는 점이다. 7년 동안 비트코인에서 운영된 UTXO는 안정성과 보안성을 인정받은 시스템이다(상세내용 부록 참조). 비트코인과 이더리움은 결제 처리 방식이 달라 호환이 어려운데, 퀀텀은 이를 해결할 수 있는 능력을 가지고 있다. 퀀텀 플랫폼에서 퀀텀 토큰은 탈중앙앱과 스마트 컨트랙트를 실행하는 연료로 사용된다.

퀀텀은 개발 초기부터 모바일 플랫폼으로 자리 잡기 위해 설계되었으며 향후 금융업, 제조업, 모바일 등 여러 분야 진출을 계획 중이다. 특히 중국판 카카오톡인 위챗(WeChat)처럼 널리 사용되는 메시지 플랫폼에 통합되는 탈중앙앱 개발 계획을 가지고 있다. 컨텀 기반 탈중앙앱으로는 에너지 부문의 Energo, 의료 부문의 MediBloc, 지적 재산권 부문의 INK 등 50여개가 이미 출시되었다.

중국에서 엄청난 지지를 받고 있는 퀀텀은 위챗에만 지지자 1만 여명이 활발하게 활동하고 있다. 퀀텀의 개발자이자 공동 창립자인 CEO 패트릭 다이는 중국 과학원에서 박사 학위를 준비하다가 비트코인을 접하면서 박사학위 과정을 그만두고 본격적으로 블록체인 사업에 뛰어들었다. 중국 알리바바에서 선임 개발자로 일했고, 비트코인 채굴장을 운영해 한때 전 세계 채굴량의 5%를 차지하기도 한 그는 2012년부터 코인 개발자로 전향해 퀀텀 개발에 주력해왔다.

퀀텀은 2018년 5월 새로운 가상머신 퀀텀 X86을 출시했다. X86의 가장 큰 장점은 스마트 계약 사용의 진입장벽을 낮춰 더 많은 개발자들이 개발에 착수할 수 있게 한다. 대다수의 개발자가 C, C++, 파이선 등의 프로그래밍 언어를 사용하는데, 현재는 솔리디티를 다룰 수 있는 개발자만 이더리움에서 스마트 계약을 발행할 수 있다. 그러나 X86을 사용하면 주류 프로그래밍 언어로 스마트 계약을 개발할 수 있다.

그는 X86을 통해 새로운 가상머신, 미래의 탈중앙앱을 위한 가상머신 운용 시스템을 만들고자 했다. 이더리움 가상머신과는 달리 모든 컴파일러, 디버그 도구들이 내장되어 있어 개발자들이 더 쉽게 탈중앙앱을 개발할 수 있다. 이더리움 가상머신은 매우 혁신적이지만 아직 기술적으로 초기 단계이며, 이미 참여 노드가 많아서 새로운 시스템을 도입하려면 검증 작업에 시간이 오래 걸릴 수밖에 없다. X86은 더 효율적인 탈중앙앱 제작 시스템으로 많은 개발자들을 유입해 생태계를 확장시킬 전망이다. 후발주자로서의 장점을 최대화하여 개발 과정을 간소화함으로써 기존 시장의 모든 개발자들을 블록체인 시장으로 불러들이는 것이 목표인 셈이다.

퀀텀은 블록체인 최초로 우주에 노드를 구성하는 스페이스체인 프로젝트를 추진 중이기도 하다. 패트릭은 우주에도 지분을 가진 노드가 존재한다면 정말 멋진 일이라고 생각해서 참여했다고 한다. 블록체인과 우주기술이 접목된 최초의 사례라고 할 수 있다. 패트릭 다이의 인터뷰를 보면 혁신의 아이콘으로 잘 알려진 스페이스X와 테슬라의 엘론 머스크가 떠오른다.

전국일웅, 러시아판 이더리움 웨이브스(Waves)

마음이 가난한 기업은 복이 있나니

영화 '트랜스포머4'에 등장하는 숨 막히는 추격전에서 낯선 자동차 하나가 눈에 띈다. 경주용 자동차를 연상시키는 날렵한 몸매와 높은 차체의 검은 4륜구동 자동차는 미친 속도로 옥수수밭을 거침없이 질주한다. 가상 컴퓨터 그래픽이 아니라 실제 존재하는 자동차다. 사막 경주용 자동차라는 별명을 가진 '랠리 파이터(Rally Fighter)', 로컬 모터스가 설립 2년 만인 2009년 선보인 자동차다.

랠리 파이터는 크라우드소싱(crowd sourcing) 방식으로 완성되었다. 불특정 다수의 대중이 아웃소싱 방식으로 제품 디자인에 참여하고 다양한 사람들이 커뮤니티에 참여한다. 차량 개발 아이디어를 온라인 커뮤니티에 오픈하고 누구나 아이디어를 변형하거나 재배포할 수 있으며 실제 제작은 주로 3D 프린팅으로 이루어진다.

미국 애리조나주 피닉스에 있는 공장은 초미니 공장(Microfactory)으로 불린다. 3D 프린터와 인쇄한 차체를 다듬는 기계가 전부다. 컴퓨터에 도면을 입력하고 탄소섬유와 플라스틱을 이용하여 불과 3명의 엔지니어에 의해 40시간 만에 차체가 완성된다. 로컬 모터스는 100년이 넘는 자동차 산업의 패러다임을 획기적으로 바꿀 것으로 평가된다.

이들은 최근 크라우드펀딩(crowd funding)을 이용해 1900년대 복고풍 디자인의 동력 자전거 프로젝트를 추진 중이다. 휘발유 엔진과 배터리로 구동되는 두 버전이 있다. 아련한 과거의 추억과 클래식한 고상함이 묻어나는 멋진 디자인이다. 구입을 희망하는 고객들의 자금을 미리 모아 제품을 개발하여 나중에 공급한다.

오픈형 생태계를 추구하는 크라우드소싱과 크라우드펀딩이 만나 엄청난 변화가 일어난다. 좋은 아이디어와 사업 실행력만 갖추면 거대 자본 없이도 사업에 성공할 가능성이 높아졌다. 우리나라에서는 모헤닉 게라지스가 비슷한 도전을 하고 있다. 크라우드펀딩을 통해 수제 자동차를 제작한다. 25년 동안 가족의 소중한 일원이었던 갤로퍼 자동차가 벤츠G바겐 같은 명품 자동차로 재탄생하기도 하고, 게임에서나 가상으로 접하던 경주용 자동차의 전설 쉘비 코브라를 현실 세계에 완벽히 구현해낸다.

이처럼 크라우드소싱과 크라우드펀딩은 비즈니스 세계의 패러다임을 바꾸어 수많은 새로운 기업들이 도약할 기회를 마련한다. 재미있는 것은 블록체인 암호화폐의 특징과 완벽하게 닮아 있다는 점이다. 누구나 코드를 조회할 수 있도록 공개하고 이를 복사, 변형, 개선해도 아무런 법적 문제가 없다. 그렇게 만들어진 암호화폐를 통해 새로운 비즈니스 모델을 제안하고 토큰 판매를 통해 자금을 모아 프로젝트를 진행한다. 늘 배고프고 위험천만한 길을 가야 하는 창업가들에게는 참으로 반가운 '복음(福音)'이 아닐 수 없다.

2018년 6월 현재 시가총액 43위의 웨이브스는 '러시아의 이더리움'으로 불리는 플랫폼 코인으로 처음부터 스칼라 언어로 새로 코딩하여 개발했다. 토큰 발행이 매우 쉽고 1웨이브스만 있으면 누구나 토큰을 생성할 수 있지만 상대적으로 노드 구성은 어려운 편이다. 웨이브스는 지분증명 방식을 지원하므로 노드를 유지하려면 수십GB 정도 되는 모든 블록체인을 다운로드 받아야 하고 10,000웨이브스(2018년 8월 기준 약 2천만원 정도)를 보유해야 한다. 향후에는 1,000웨이브스만 가지고 있어도 노드 유지가 가능하게 바뀔 예정이다. 2018년 8월 기준으로 168개의 노드가 23개국에 분산되어 있다. 2018년 안에 이더리움처럼 스마트 컨트랙트를 완성할 계획이다. 일차적으로 이더리움 스마트 컨트랙트의 95% 수준의 기능을 갖는 탈중앙화앱 제작을 지원하고, 2018년말경에 튜링 완전성을 갖춘 언어를 지원할 계획이다. 이더리움과 달리 웨이브스는 계약 수행에 대한 가스비가 없고 매우 저렴한 거래 처리 수수료만 적용된다. 또한 크라우드펀딩 및 대형 ICO 최적화 플랫폼을 지향한다. 국가별로 상이한 법적 규제까지 플랫폼에서 해결하기 위해 자율규제기관을 스위스에 설립하고 ICO 표준을 만들어서 KYC(Know Your

Customer, 금융-실명제와 비슷한 규약), AML(Anti-Money Laundry, 돈세탁 방지)을 포함할 것으로 보인다. 스타트업들이 ICO를 위해 쉽게 토큰만 생성하고 나머지 부분은 플랫폼 안에서 해결할 수 있는 장점이 있다. 웨이브스는 탈중앙 거래소인 DEX도 운영 중이다.

전국이웅, 카지노에서 스마트계약으로 카르다노^(ADA)

양자컴퓨터, 나 떨고 있니?

1990년대 제작된, 오래된 비디오를 본 적이 있는 사람이라면, 영화 시작 전 꼭 접하게 되는 홍보 영상을 기억할 것이다.

"옛날 어린이들은 호환, 마마, 전쟁 등이 가장 무서운 재앙이었으나, 현대의 어린이들은 무분별한 불량/불법 비디오를 시청함으로써, 비행청소년이 되는 무서운 결과를 초래하게 됩니다. 우수한 영상 매체인 비디오를 바르게 선택, 활용하여 맑고 고운 심성을 가꾸도록 우리 모두가 바른 길잡이가 되어야겠습니다. 한 편의 비디오, 사람의 미래를 바꾸어 놓을 수도 있습니다."

다소 촌스러움이 느껴지는 배경 음악과 손발이 오그라드는 멘트들이다. 한 편의 비디오가 사람의 미래를 바꿀 수 있다고? 오늘날 같은 모바일 인터넷 시대에는 웃음 나올 소리지만, TV에서 시청할 수 있는 채널이 주한미군 영어방송 AFKN과 교육방송 EBS까지 포함하여 고작 5개뿐이던 시절이 있었다. 추억의 비디오 안내 영상은 이제는 생소할지도 모르는 '호환, 마마'라는 단어를 대중에게 깊이 인식시켰다. 호환(虎患)은 호랑이에게 물려죽거나 다치는 피해, 마마는 천연두처럼 전염성 강한 치명적인 질병을 의미한다. 한마디로 '죽음'을 상징하는 것이다.

그렇다면 암호화폐에게 호환, 마마 같은 존재는 무엇일까? 양자컴퓨터라고 할 수 있다. 암호화폐는 수많은 암호화 기술을 바탕으로 한다. 특히 개인키와 공개키를 이용하여 암호화폐의 안전한 소유와 개인 간의 자유로운 거래가 가능하게 한다. 한마디로 개인키는 통장의 비밀번호와 같고 공개키는 통장 계좌번호다. 통장 비밀번호와 계좌번호 간에는 아무 상관관계가 없지만 암호화폐에서는 개인키에 암호화 기술을 적용하여 공개키를 만든다. 기술적으로 공개키를 이용하여 개인키를 거꾸로 알아낼 수 없기 때문에 안전하다.

하지만 양자컴퓨터 기술이 발전하면 언젠가 불가능한 일이 가능할 수 있다. 공개키를 바탕으로 개인키를 확인하는 날이 온다면 이는 암호화폐 세계에 '최후 심판의 날'이 될 것이다. 누구나 조회할 수 있는 공개키를 바탕으로 개인의 비밀번호에 해당하는 개인키를 알아낼 수 있다면 암호화폐는 더 이상 안전하지 않기 때문이다.

카르다노(Cardano)는 기존 암호화폐들의 장점은 흡수하고 단점은 보완하여 암호화폐의 설계와 개발 과정을 혁신하는 것을 목표로 2015년 출범한 탈중앙화된 스마트컨트랙트 플랫폼 프로젝트이다. 카르다노 플랫폼에서 사용되는 암호화폐의 이름을 에이다(ADA)라고 한다. 카르다노의 주력 분야는 금융이며 카르다노 플랫폼을 비즈니스에 연계하고 스타트업을 지원하는 이머고(Emurgo)는 장차 물류, 법률, 재정 등의 분야로 카르다노의 활용을 확대할 계획이다. 하스켈 언어의 사용, 가장 빠른 타원곡선 암호화기술인 Ed25519 Curve의 적용, 다양한 서명 체계의 지원 등을 통해 보안을 강화하고 양자컴퓨터 저항성을 확보하는 것을 목표로 한다.

카르다노는 스스로를 3세대 암호화폐라고 주장한다. 비트코인 같은 1세대 코인은 단순한 결제 기능만 지원했고, 이더리움 같은 2세대 코인이 계약 기능을 탑재하여 탈중앙앱을 지원하는 플랫폼 기능을 한다면, 카르다노는 의견 합의 기구를 프로토콜에 포함시켰다. 태생적으로 내부 분열의 한계를 가질 수밖에 없었던 이전 코인들과 달리, 커뮤니티의 의견을 수렴하여 블록체인을 업그레이드할 수 있어 더욱 안정적이고 발전적인 운용을 제시한다.

카르다노의 개발진은 매우 화려한 이력을 자랑한다. IOHK의 CEO인 찰스 호스킨슨(Charles Hoskinson)은 유명한 암호화폐 기업 여러 곳에서 일했다. 비트코인 재단 교육위원회의 창립 위원장이었고, 이더리움의 CEO를 역임했으며 2013년 Cryptocurrency Research Group을 설립했다. 최고 전략 사무국장을 담당한 제러미 우드(Jeremy Wood)는 간사이 비트코인 밋업의 창립 멤버였으며, 2013년 이더리움으로 이적하여 보좌관으로서 회사 운영에 참여했다.

IOHK의 수석 과학자로 참여한 아겔로스 키아이아스(Aggelos Kiayias) 교수는 아테네 대학 수학과를 졸업 후 뉴욕시립대학에서 박사 학위를 받았으며, 에딘버러 대학의 사이버 보안과 프라이버시 분야의 총장이다. 연구 분야는 컴퓨터 · 정보 보안 및 암호학이며 특히 블록체인과 분산 시스템, 전자 투표 및 복수 정당 관리와 프라이버시 및 신원 관리에 주안점을 두고 있다. 현재 금융 암호화 및 데이터 보안 컨퍼런스의 프로그램 위원장으로 활동하고 있다.

카르다노는 우로보로스(Ouroboros)라는 매우 독특한 합의 알고리즘을 사용한다. 계속 증가하는 블록체인 전체를 확인해야 했던 기존 방식과 달리 우로보로스 방식은 특정 블록체인의 속성만 확인하면 된다. 따라서 효율적인 거래 처리가 가능하다.

우로보로스는 동전 던지기 프로토콜(공정하게 무작위 추출을 시행하는 프로토콜)을 통해 리더 선출 과정이 무작위로 결정되게 한다. 이는 기존의 위임 지분증명 방식(DPOS)의 한계를 개선한 것으로 볼 수 있다. 지분 소유주들의 상태가 정기적으로 기록되고 공개되어 안전한 복수 연산이 수행된다. 또한 다중 서명 체계를 지원하기 위해 타원 곡선 암호화 기술 중 가장 빠른 Ed25519 Curve를 채택했다. 이를 통해 하드웨어 지갑에 대한 지원을 추가하고 특히 양자 컴퓨터로도 역추적이 불가능한 특징을 갖는다고 한다.

이오스를 개발한 댄 라리머는 우로보로스의 문제점을 지적하여 논쟁을 촉발시키기도 했다. 그에 따르면 이오스의 블록 생성 간격은 약 0.5초이고 우로보로스는 20초이다. 블록체인 데이터 확정에 필요한 시간은 이오스는 2초이지만 우로보로스는 5시간이나 걸린다고 주장하였다 (지분의 ⅔ 이상이 생성된 블록에 기록된 전송 내역에 동의하는 데까지 걸리는 시간 기준). 또한 그는 우로보로스가 잘못된 가정을 기반으로 설계되었기 때문에 안전성이 떨어지는 원인이 될 수 있다고 설명했다. 이오스는 지분 보유자들이 투표를 통해 블록체인을 공격하기 위해 담합하지 않을 검증인을 선출하고, 각 블록에 ⅔ 이상의 지분이 서명하기 때문에 무작위 방식으로 블록을 생성할 검증인을 선출하는 과정이 필요하지 않다고 강조했다. 하지만 우로보로스는 무작위로 선택된 검증인들이 보유한 지분의 합이 ⅔가 넘어가기까지 얼마나 시간이 걸릴지 알 수 없으며, 그 과정에서 지분이 많은 검증인이 새로 생성한 체인이 더 길어지는 경우도 얼마든지 발생할 수 있다고 설명했다.

카르다노는 우로보로스가 위임 지분증명 방식(DPOS)의 문제점을 해결한 개선된 합의 방식이라고 주장했지만, 라리머는 오히려 우로보로스의 무작위 선택의 문제점을 제기했다. 빠른 처리 속도를 자랑하는 탈중앙앱 플랫폼 자리를 놓고 양측의 날카로운 신경전이라고 볼 수 있다.

사실 카르다노는 카지노 게임을 위해 개발된 전자화폐였다. '카지노 코인'이라는 별명이 파친코를 좋아하는 일본 사람들의 인기를 끌면서 의외로 쉽게 자금을 모을 수 있었다. ICO 설명회 장소도 일본 도쿄 공업 대학이었다. 일본 투자자들 사이에서는 카르다노와 도쿄공대가 협력 관계라는 소문이 돌았다. 실제로 2017년 도쿄공대는 IOHK와 함께 암호화폐 공동 연구 교수직을 신설했다.

전국삼웅, 추적 불가 코인 모네로

은밀하게 위대하게

'은밀하게 위대하게'는 20,000:1의 경쟁률을 뚫고 남파된 북한의 엘리트 간첩 원류환이 '동네 바보'라는 특수 지령을 받고 달동네에 체류하는 동안 일어난 이야기를 코믹하게 다룬 영화이다. 원류환은 실전 같은 훈련과 치열한 경쟁을 통해 선발되어 임무를 받지만 갖은 고생 끝에 남한에 도착한 그에게 주어진 임무는 바보 행세를 하면서 달동네에서 생활하면서 주민들의 일상을 보고하라는, 실로 맥 빠지는 임무뿐이었다. 평생 누려본 적 없는 평화로운 일상 속에서도 원류환은 고향에 계신 어머니를 생각하며 열과 성을 다해 임무에 매진한다.

손자는 전쟁에 있어서 간첩의 활용을 매우 중요하게 여겼다. 손자병법 제13편 '용간'에는 간첩을 이용하는 다섯 가지 방법을 정리한다. '향간'은 그 고장 주민을 이용하는 간첩, '내간'은 적의 관리를 이용하는 간첩, '반간'은 적의 간첩을 역이용하는 이중간첩이다. '사간'은 허위사실을 이 편의 간첩에게 믿게 하여 그것을 적에게 전달하는 간첩, '생간'은 그때마다 살아 돌아와 보고하는 간첩이다.

그렇다면 간첩에게 가장 중요한 것은 무엇일까? 본부 지령을 받아 임무를 완수함에 있어서 흔적을 남기지 않는 것이다. 그래야만 간첩으로 살아남아 제 역할을 할 수 있기 때문이다.

오픈소스 P2P 암호화폐 모네로(Monero)라는 이름은 에스페란토어로 동전을 뜻하는 단어다. 크립토노트(CryptoNoe)라는 독자적인 작업증명 기법을 사용하여 전문 채굴기와 이를 소유한 자본에 의해 탈중앙화적 가치가 훼손되는 것을 막는다. 또한 사토시 나카모토가 제안했던 1CPU당 1표 방식의 작업증명을 구현했다. 쉽게 말하면 일반적인 CPU로도 채굴이 가능하다는 뜻이다.

모네로는 익명성에 초점을 둔 것이 특징이다. 비트코인과 이더리움은 블록체인에 보내는 사람과 받는 사람의 지갑 주소, 액수, 일시가 명확하게 기록으로 남지만 모네로는 크립토노트 프로토콜을 채택하여 사용자의 익명성을 보호한다. 거래가 시작되면 특정 그룹 내에서 공개키가 섞이는 링 서명(ring signature)라는 기술을 사용한다. 이 그룹 내의 거래 내역을 조회하려면 개인키 없이는 누가 누구에게 얼마를 보냈는지 알 수 없다. 모네로가 사용하는 크립토노트, 링 서명(ring signature), 은폐주소(stealth addres)는 바이트코인(Bytecoin)에서 사용하던 기술이다. 바이트코인은 2012년 만들어진 익명 코인이며 모네로는 바이트코인의 포크로 2014년 발생했다. 모네로에는 링 CT(Ring Confidential Transactions)라는, 바이트코인에는 없던 새로운 익명 강화 기술이 추가되었다.

그러나 2018년 모네로에서 보안 취약점이 발견되어 상당수 거래의 거래 액수와 발신 지갑 주소가 추적 가능하게 되기도 했다. 다행히도 수신 주소는 추적이 안 된다고 한다. 최근 1,546,000블럭에서 하드포크가 진행되어 모네로 오리지널(XMO)과 모네로(XMR)로 분리되었고 이를 통해 채굴 방식이 바뀌었다.

2017년 12월에는 해킹된 페이스북 메신저 계정을 통해 모네로 채굴 기능이 내장된 바이러스가 유포되는 사건이 일어났다. 별도의 채굴 장비 없이 CPU만으로도 어느 정도 채산성을 확보할 수 있는 모네로의 특징을 악용한 사례다. 이후에도 Drive-By-Mining이라 불리는 스크립트를 이용, 접속만으로도 상대방 컴퓨터를 이용하여 채굴을 하는 해커들이 늘어나는 추세다. 2018년 1월 북한이 해킹으로 모네로를 채굴하게 한 뒤 김일성대학 서버로 전송하게 만드는 악성코드를 뿌리고 있다는 보도가 나오기도 했다. 심지어는 불법 복제 Windows10의 정품 인증을 해주는 프로그램 KmSpico에 프로그래머가 모네로 채굴 프로그램을 심어놓기도 했다. 유튜브 광고 플랫폼에서 자바스크립트로 모네로를 채굴하는 광고도 발견되었다.

철저한 익명성을 보장하는 코인으로는 지캐시, 대시, 바이트코인 등이 있다. 사실 비트코인이 개인의 프라이버시를 지키고자 노력했던 사이퍼펑크들의 기술을 바탕으로 탄생되었지만, 초창기에는 자금 추적이 불가능한 점을 이용해 마약, 포르노, 무기 거래, 자금세탁의 수단으로도 활용된 바 있다.

향후 암호화폐는 개인의 프라이버시와 범죄 간의 경계를 어떻게 구분할 수 있을까? 대부분의 암호화폐는 향후 유가 증권 같은 암호 자산으로 인정받으면서 세금, 금융실명제와 연동되어 제도권 내에 들어올 가능성이 높다. 하지만 일부 암호화폐는 철저히 익명성과 프라이버시를 추구하며 지하경제의 교환 수단으로 남기를 선택할 것이다. 프라이버시를 둘러싼 암호화폐 간의 경계선은 시간이 갈수록 명확해질 것이다. 마치 개와 늑대가 인간으로 인해 서로 분화된 뒤 이제는 전혀 다른 운명을 맞게 된 것처럼.

전국사웅, 비즈니스 닌자들을 위한 넴^(NEM)

나만의 비즈니스를 상상하라!

"옛날에 괴물 구미호가 있었다. 꼬리가 아홉 달린 구미호였다. 그 꼬리를 한번 휘두를 때마다 산이 무너지고 해일이 덮쳤으니, 사람들은 고민 끝에 닌자들을 불러 모았다. 그중 한 닌자가 괴물 구미호를 봉인하지만, 목숨을 잃고 만다. 그 닌자는 4대 호카게라고 한다."

(〈나루토〉 1회 도입 설명 부분)

15년 동안 연재한 닌자 무협만화 〈나루토〉는 많은 이들의 사랑을 받은 걸작이다. 고아로 자란 나루토는 어려운 환경 속에서 선생님의 신뢰와 친구들과의 깊은 우정을 조금씩 만들어 가며 훌륭한 닌자로 거듭나기 위해 고군분투한다. 사춘기를 맞은 나루토는 자신의 부모님이 마을을 위해 목숨을 희생한 사실을 알게 되고, 자신의 탄생과 함께 구미호라는 괴물이 몸속에 봉인되어 있음을 알고 고민에 빠진다. 절친이자 라이벌인 사스케는 집안 내력에 얽힌 재능으로 인해 가문 사람들이 모두 죽음을 맞이하게 된 저주스러운 슬픈 운명을 깨닫는다.

사스케와의 우정, 짝사랑하는 사쿠라와의 약속을 지키기 위해 나루토는 다들 말리는 무모한 도전을 감행한다. 나루토는 결국 사랑하는 사람들을 지키려면 스스로 새로운 닌자 영웅으로 거듭나야 하는 것이 운명임을 깨닫는다.

삶과 죽음, 전쟁과 평화, 사랑과 우정, 정치와 폭력, 고통과 행복에 대한 묵직한 세계관을 다룬 청춘 성장 만화다. 다양한 닌자들의 무기와 현란한 무술들, 회를 거듭하는 반전과 탄탄하고 치밀한 스토리는 높은 몰입도를 자랑한다. 닌자와 무술이라는 일본 특유의 소재를 토대로 방대한 세계관과 박력 있는 스토리로 많은 인기를 끌었다.

'뉴 이코노미 무브먼트(New Economy Movement)'를 의미하는 넴(NEM)은 닌자를 떠올리게 하는 일본풍의 암호화폐다. bitcointalk.org에서 utopianfuture라는 필명의 인물에 의해 기획, 진행되었다. 2015년 처음 채굴되었으며 원래는 NXT(엔엑스티)라는 코인을 하드포크해서 만들려 했으나 다시 처음부터 설계해서 만들어졌다고 한다. 실제 일본 금융기관들에서는 퍼블릭 블록체인인 넴을 '미진(Mijin)'이라는 프라이빗 블록체인으로 바꾸어 투자하거나 활용 중이다. 닌자와 사무라이들이 사용한 '미진(微塵)'은 사슬로 만들어진 독특한 무기다. 체인 연결 형태가 블록체인과 비슷하다는 점에서 착안된 듯하다.

넴에서 사용되는 암호화폐가 XEM이며 현재(2018년 8월) 코인마켓캡 기준으로 시총 8위이다. 넴의 노드는 570개이며 일본에 138개(24.2%), 독일에 125개가 있다. 넴은 개인 간 거래용 퍼블릭 블록체인 기능뿐 아니라 기업 간 거래를 지원하는 프라이빗 블록체인 기능도 제공한다.

일본은 육류의 유통 추적에 '미진' 기술을 도입하려 한다. 고기가 생산자에서부터 유통되어 소비자에게 이르기까지의 과정을 기록할 수 있는 시스템을 갖추고 이를 조작할 수 없게 하여 품질을 담보하는 형태로 활용 가능하다. 히타치는 포인트 관리 솔루션에 적용하기 위해 비즈니스 모델을 검토 중이라고도 한다.

그 밖에도 투표 시스템, 자산 교환, 디지털 통화 만들기, 메시징, 스마트 계약, 소유권 증명, 게임, 암호화폐용 토큰 발행, 블록체인 도메인 소유 등 다양한 분야에 활용 가능하며 넴에서는 이를 스마트 자산(Smart Asset) 이라고 부른다.

넴의 토큰인 XEM의 총 발행량은 약 90억 개이며 발행이 완료된 완채굴 방식이다. XEM은 최초에 약 1,500명의 사람들에게 분배되었고, 그들이 XEM을 유통시키거나 활용함으로써 보상을 받게 설계되어 있다. 넴은 사용에 따른 이익을 만들어 내는 형태로 생태계를 만들어 내는 방식이다. 이것을 위해 PoI(Proof of Importance)이라는 합의 방식이 사용된다. 각각의 계정은 중요도(Importance)라는 PoI 점수를 가진다. 보유 금액뿐 아니라 거래량, 거래한 사람을 고려하여 점수가 올라간다. 즉

코인을 많이 가진 사람들을 보상해 줄뿐만 아니라 사용에도 보상을 주는 방식이다. 따라서 사용이 활발해지고 분배가 일어난다. 많은 사람에게 평등하게 기회를 주려는 넴의 철학이 기반하고 있다. 부의 재분배와 평등을 지향하는 것이다.

그런데 최초에 90억 개가 다 발행되었다면 PoI로 인한 보상을 어떻게 할까? 넴의 사용으로 발생한 수수료를 PoI 점수가 높은 사람에게 주는 것이다. 따라서 1분에 한 번 PoI 점수를 바탕으로 무작위로 결정해 보상하게 된다. 이 과정에 참여하려면 최소 1만XEM 이상의 잔액이 있어야 하며 PoI 점수가 높으면 보상을 받을 확률이 높아진다.

향후에는 채굴에 따른 자원 사용의 문제와 채굴 권력화 문제를 해결하기 위해 넴처럼 완채굴 방식의 코인이 점차 많아질 것이다. 특히 퍼블릭 블록체인과 프라이빗 블록체인 솔루션을 모두 지원하는 넴이 앞으로 어떤 다양한 블록체인 생태계를 만들어갈지 주목할 필요가 있다. 채굴을 없애고 사용에 따른 보상을 제공하는 넴의 실험이 과연 성공할지 매우 궁금해진다.

전국오웅, 사물 체인 플랫폼 아이오타^(IOTA)

이 세상의 모든 것을 블록체인으로 연결한다

스티브 잡스는 시대를 앞서가는 감각과 혜안으로 누구보다 먼저 개인용 컴퓨터의 대중화 시대를 열었고 젊은 IT 기업인으로 화려하게 성공했으나 1986년 본인이 창립한 회사에서 쫓겨나는 수모를 겪었다. 그러나 1997년 극적으로 애플 CEO로 복귀했고 2001년 아이팟을 출시하여 음악 산업 전체를 뒤바꾸어 놓았다. 2007년 아이폰을 출시하면서 스마트폰 시장을 바꾸어 놓았고 2010년 아이패드를 출시해 포스트PC 시대를 열었다. 삶과 죽음에 대한 너무 이른 통찰 때문이었을까. 살아 있는 동안 우주에 흔적을 남기려 애썼던 그는 2011년 췌장암으로 인해 결국 죽음을 맞이한다.

필자^(황태섭)는 애플 본사에서 근무하던 시절 구내식당에서 몇 번 그를 보았다. 잡스는 점심시간을 아끼기 위해 구내식당에서 간단한 식사를 하곤 했는데 프렌치프라이(감자튀김)을 먼저 받아가기 위해 미리 줄을 서서 기다리던 다른 직원들의 양해를 구하는 모습을 본 적이 있다. 주로 수석 디자이너인 자니 아이브와 단 둘이 토론하는 모습이었는데, 주변 사람들의 얼굴에는 호기심과 경외감이 묘하게 섞여 있었다. 어떤 이들은 대화하는 둘에게 너무 가까이 접근했다간 자칫 당장 회사를 그만둬야 할 수도 있다는 두려움도 느꼈을 것이다.

잡스는 복귀하자마자 새로운 제품 라인업을 구상하며 애플의 중흥기를 이끌었다. 바로 iMac, iPod, iPhone, iPad였다. 소문자 i는 인터넷을 의미한다. 그리스어 9번째 알파벳인 i는 글자 크기가 가장 작아서 아주 작은 양을 뜻하기도 한다. 그는 인터넷 사업의 중심에 서기 위해 아이폰 출시와 함께 회사 이름도 Apple Computer에서 Apple로 바꾸었다. 인터넷이 세상을 바꿀 거라고 정확히 예측했고 그에 따라 애플을 인터넷을 위한 회사로 철저히 탈바꿈했다.

스티브 잡스가 꿈꾸었던 인터넷이 사람을 위한 인터넷이었다면 포스트PC 이후에는 사물 인터넷이 중요한 화두로 떠올랐다. 이미 사물이 뿜어내는 데이터는 사람이 만들어내는 데이터를 넘어섰고, 2020년이면 전세계의 빅데이터는 무려 40ZB(제타바이트. 10^{21}bytes)가 될 것이라고 한다. 1인당 하루에 1.6GB 정도의 데이터를 사용한다고 가정한다면 75억 전세계 인구가 10년 동안 사용할 수 있는 어마어마한 데이터양이다.

하루가 다르게 폭발적으로 늘어나는 빅데이터를 활용한 기술은 이미 우리 생활 곳곳에 빠르게 침투하고 있지만, 빅데이터가 한곳에 모이면서 발생할 데이터 권력과 집중화에 대한 우려 또한 높아지고 있다. 블록체인 기술은 이에 대한 대안으로 새롭게 주목 받고 있다.

아이오타(IOTA)는 다른 암호화폐와 달리 수수료가 없다. 아이오타의 혁신적인 기술 뒤에는 새롭게 분산화된 기술 '탱글(Tangle)'이 있다. 일반적으로 블록체인이 긴 사슬 모양으로 데이터를 계속 추가하는 형태라면, 탱글은 마치 두 가닥의 선이 만나듯이 새로운 형태의 데이터 연결로 보안과 속도의 혁신을 보여주는 암호화폐다. 아이오타는 수수료가 없는 대신 다른 곳에서 이루어진 2건의 결제를 확인하는 구조로서 결국 더 많은 거래 건수가 일어날수록 거래 속도가 오히려 더 빨라지는 시스템이 된다. 1거래가 2거래의 승인을 하는 시스템이기 때문이다.

아이오타의 작업증명은 기존 비트코인이나 이더리움의 작업증명과는 상당히 다르며, 오히려 해시 캐시와 비슷하다고 알려져 있다. 즉, 과도한 데이터 흐름을 만들어 시스템을 마비시키는 악성 스팸으로부터 시스템을 보호하기 위해 참여자로 하여금 간단한 연산을 수행하게 한다. 이러한 방식을 통해 채굴 보상 대신 아이오타의 수수료를 면제 받는 구조를 채택하고 있다. 탱글의 기술은 거래에 필요한 새로운 블록을 만들며 스스로가 검증하는 형태이다. 다시 말해서 1결제가 2개의 결제에 대한 검증을 진행할 수 있다.

아이오타의 차별성은 크게 두 가지로 요약 가능하다. 무한에 가까운 결제 능력과 데이터의 완전성이다. 이를 바탕으로 수많은 데이터의 연결을 만들어내고 즉각적으로 데이터를 처리해야 하는 사물 인터넷에 적합한 블록체인 솔루션으로 주목받고 있다. 이미 인터넷은 사람들이 만들어내는 데이터보다 사물들이 만들어내는 데이터가 폭발적으로 증가하고 있으나 현저히 느린 기존의 블록체인 기술의 속도로는 도저히 처리가 불가능했기 때문이다. 일반적인 블록체인 암호화폐는 시스템 유지를 위해 반드시 수수료 같은 경제적 동기부여가 필요하지만, 이러한 수수료는 사물 인터넷에 블록체인 기술을 적용하는 데 큰 걸림돌이었다. 수수료를 없애버린 아이오타가 사물 인터넷의 블록체인 플랫폼으로 주목 받는 이유이기도 하다.

아이오타의 총 공급량은 무려 약 2,700조 개다. 애초에 사물 인터넷을 위한 기계와 사물 간의 데이터 전송을 염두에 두었기 때문이다. 인플레이션이나 채굴 보상도 없으며 새로운 토큰도 추가로 생성되지 않는다. 2018년 2월 타이완의 타이베이(Taipei)가 분산 원장 기술을 도입한다고 발표했다. 타이베이 시는 IOTA와 기술 협력을 통해 스마트 시티를 만드는 프로젝트를 진행한다. 공식 보도자료에서 "IOTA의 기술이 타이베이 시민들에게 새로운 스마트 시티의 청사진을 제공할 것"이라고 밝혔다.

타이베이는 분산 원장 기술의 첫 적용 사례로 IOTA의 탱글(Tangle) 기술을 응용한 디지털 신분증을 언급했다. 신분증은 'TangleID'로 불리며 신원 도용과 부정투표 등의 문제를 해결할 것으로 기대한다고 밝혔다. 또한 건강 정보 등 다양한 고유 데이터를 기록해 공공 서비스 이용에 편리를 제공할 것이라고 말했다. 타이베이는 협력사들과 빛, 온도, 습도, 대기질 등의 수치를 실시간으로 측정하는 소형 센서를 개발하고 있다. IOTA의 탱글 기술은 이런 소형 IoT^(사물 인터넷) 기기에 최적화되어 있기 때문에 시민들에게 정확한 정보를 빠르게 제공할 수 있을 것을 기대한다고 밝혔다. IOTA 재단의 데이비드 손스테보 공동 창립자는 이 파트너십에 큰 기대감을 밝히며 말했다. "우리 기술은 이론만이 아니다. 실생활에서 적용될 준비가 된 기술이다."

블록체인이 적용된 사물 인터넷은 우리의 삶을 바꾸는 또 하나의 획기적인 인프라가 될 것이다. 다만 사물 인터넷과 스마트 시티 프로젝트 자체는 실험 중이며 명확한 비즈니스 모델은 아직 없다. 따라서 어떠한 차별화된 비즈니스 혁신을 통해 새로운 가치를 만들 수 있을지 주목해야 한다. 아무리 훌륭한 기술이 있더라도 이익이 나지 않으면 지속적으로 성장할 수 없기 때문이다.

전국육웅, 탈중앙 콘텐츠 플랫폼 트론^(TRX)

콘텐츠가 너희를 자유케 하리라

가수 싸이를 글로벌 스타로 만든 유튜브는 이미 모든 사람들이 이용하는 동영상 콘텐츠 플랫폼이 되었다. '강남스타일' 뮤직비디오는 유튜브 최초 10억 뷰를 넘었고 2014년 5월 20억 뷰를 넘어섰다. 현재까지 가장 많은 조회 수를 기록한 '데스파시토(Despacito)' 뮤직비디오는 2017년 10월 무려 40억 뷰를 기록했다. 유튜브 조회 수 상위 30위는 대부분 뮤직비디오인데, 뮤직비디오가 아니면서도 현재(2018년 7월) 32억 뷰로 역대 조회 수 4위를 차지한 유일한 영상이 있다. '마사와 곰'이라는 아동용 애니메이션이다.

동명의 러시아 민담에서 유래했지만 마사라는 이름과 곰이 주인공이라는 것만 빼면 별 공통점이 없을 정도로 많이 다르다. 민담에서는 숲에서 길을 잃은 마사가 헤매던 중 곰의 집을 방문하면서 곰에게 잡혀

집안일을 하다가 기지를 발휘하여 탈출한다는 내용이다. 그런데 애니메이션은 우습게도 마사가 곰을 괴롭히는 내용이다. 특히 32억 뷰를 자랑하는 시즌1 17회의 내용도 너무나 평범하다. 마사가 죽을 너무 많이 만들어 처치 곤란한 상황이 되자 곰이 이를 돕기 위해 숲 속 동물들에게 죽을 나눠준다는 이야기다. 이처럼 평범하기 그지없는 만화가 어떻게 조회 수 4위를 차지할 수 있었을까?

고등학생인 필자(황태섭)의 둘째 아들은 미래의 유튜버를 꿈꾸며 틈만 나면 간단한 애니메이션을 제작해 업로드한다. 일반인의 관심을 끌기보다는 덕후 세계를 다룬 내용들이 많아 다소 난해하다. 새 영상을 올리면 보통 수백 회에서 수천 회 정도 조회된다며, 정기 구독자가 1,600명이나 된다고 나름 으스대기도 한다. 그런데 본인이 만들고서도 별로 맘에 들어 하지 않던 영상 하나가 무려 10만 뷰를 기록했다. 뭐? 10만 회라고? 필자는 유튜브를 직접 보고도 믿을 수 없었다. 어떻게 이런 일이 가능하지?

사실 유튜브 조회 수의 비결은 비슷한 내용의 콘텐츠나 시청자가 관심 있을 만한 내용들을 인공지능 알고리즘으로 찾아주는 데 있다. 넷플릭스의 영화 추천 알고리즘과 비슷하다. 유튜브는 조회 수를 기반으로 맞춤 광고를 하여 수익을 내며, 이런 알고리즘이 핵심이다. 네트워크 효과 때문에 조회 수가 일정 임계점을 넘어서면 폭발적으로 늘어난다. 네트워크 효과는 참여자 수의 제곱에 비례하기 때문이다.

전세계적으로 매달 유튜브를 보는 사람들은 1억 5천만 명으로 추산

된다. 매일 보는 사람은 3천만 명 수준이다. 50% 이상이 스마트폰 같은 기기를 이용하고 전체 유저 숫자는 18억 명이다. 그 덕에 유튜브는 2015년에만 80억 달러라는 매출을 올렸다. 물론 유튜브는 조회 수를 끌어 올리는 파워 유튜버와 이익을 공유한다. 만약 이런 콘텐츠 플랫폼 사업이 중개자나 관리자가 없는 형태로 탈중앙화된다면 어떤 일이 생길까? 아마도 콘텐츠 제작자와 사용자가 직접 만나는 P2P거래로 바뀌게 될 것이다. 결과적으로 콘텐츠 제작자의 이익 배분이 올라가고 사전 계약에 따라 투명하게 운영될 수 있다. 이것이 바로 '트론'이 꿈꾸는 세상이다.

트론은 2018년 8월 현재 암호화폐 시가총액 14억 달러로 11위이다. 트론 파운데이션은 싱가포르에 자리 잡은 비영리 단체이다. 트론은 블록체인 기반의 탈중심적 프로토콜로 세계적인 무료 콘텐츠 엔터테인먼트 시스템을 만들기 위해 설계되었다. 중요한 것은 트론이 엔터테인먼트에 초점을 맞춘 블록체인이라는 사실이다. 백서에 따르면 트론은 월드와이드웹(World Wide Web)의 창시자인 팀 버너스리의 정신을 계승하여 블록체인 기술을 통해 이익을 소수가 독점하지 못하는 블록체인을 만들겠다고 천명한다. 그렇기 때문에 엔터테인먼트 중심적인 트론 블록체인에서는 콘텐츠 생산자와 소비자가 직거래하는 생태계를 만들 계획이다. 엔터테인먼트 콘텐츠를 탈중심화한다는 점에서 중앙권력의 통제를 받지 않는 다양한 콘텐츠 생산과 소비가 가능해지고, 생산자와 소비자가 직접 가격을 정하는 자율적인 시스템이 만들어진다는 점은 매우 긍정적이다.

트론의 가장 큰 특징은 데이터 자유화이다. 자유롭고 통제되지 않는 환경에서 문자, 사진, 오디오, 비디오 등 다양한 콘텐츠가 배포되는 현실이다. 최근 유튜브에서는 가족 친화적이지 않은 콘텐츠들이 자동 검열된다. 이 시스템이 콘텐츠 생산의 효율성과 창의성을 저하시킬 수 있다는 우려가 있다. 하지만 트론은 데이터를 완전히 자유화하기 때문에 검열의 우려가 없다. 그 다음으로는 콘텐츠 생산 장려이다. 콘텐츠 생산자는 콘텐츠를 제공하여 디지털 자산을 받기 때문에 콘텐츠 생태계가 경제적으로 촉진되는 구조가 된다. 광고주가 광고비를 제공하고 유튜브와 영상 제작자가 그 광고료를 일정 비율로 나누어 갖는 유튜브의 수익구조와는 매우 다르다.

트론은 2017년 8월 Exodus를 시작해서 2027년 9월 Eternity를 완성하는 매우 장기적인 플랜을 가지고 있다. 1단계(Exodus. 2017.8~2018.12)에서는 간단한 분산 파일 공유다. 아직은 백서 단계에서 많이 벗어나지 못했고 실제로 블록체인 기술은 아직 적용되지 않는다. 2단계(Odyssey. 2019.1~2020.6)에서는 제작자가 콘텐츠를 생산하도록 장려한다. 제작자에게 주어지는 보상은 클릭 수나 조회 수와는 다른 방식으로 이루어진다고 한다. 3단계(Great Voyage. 2020.7~2021.7)와 4단계(Apollo. 2021.8~2023.3)에서는 콘텐츠 제작자들이 개별 ICO나 브랜드 토큰을 사용하도록 허락하고, 제작자들이 브랜드의 지분을 갖도록 한다. 이 단계에서 트론은 이더리움 같은 플랫폼을 개발할 필요가 있는데 아직은 구체화되지 않았다. 5단계(Star Trek. 2023.4~2025.9)로는 탈중심적 방송과 게임을 가능하게 하는 플랫폼을 구축할 계획을 가지고 있다. 그리고 마지막 단계(Eternity. 2025.10~2027.9)에서는 수많은 컴퓨터와 스마트폰 게임을 트론 플랫폼에서 진행할 계획이다. 로드맵 기간이 워낙 길어 투자자들이 인내심을 가지고 기다려줄지, 로드맵의 내용들이 정말 구현 가능한 기술인지에 관한 논란과 의혹이 있다. 트론이 과연 로드맵 대로 긴 호흡을 가지고 탈중앙화 엔터테인먼트 생태계를 만들어갈 수 있을지 매우 흥미롭다.

전국칠웅, 중국판 이더리움 네오^(NEO)

짝퉁 이더리움 아님 주의

거장 조정래 작가의 소설 《정글만리》는 약육강식이 지배하는 중국의 비지니스 현장을 실감나게 묘사한다. 신입사원 시절 중국으로 발령받아 우연한 기회에 중국인의 '꽌시'를 얻음과 동시에 실적으로 회사에 인정받아온 전대광 부장은 권력을 소유한 세관원 샹신원의 의뢰로 실력 좋은 성형외과 의사를 한국에서 데려온다. 불운의 사고로 수억의 배상금을 무는 바람에 떠밀리다시피 상하이 땅을 밟은 서하원은 급성장하는 중국 성형시장에서 재기하기 위해 몸을 사리지 않고 밤낮없이 일하고, 그 덕에 샹신원과 전대광의 꽌시는 더욱 돈독해진다.

베이징대학에서 경영학을 공부하는 20대 청년 송재형은 동아리 활동 중 뒤늦게 역사학에 눈을 뜨고 전공을 바꾸기 위해 삼촌인 전대광을 찾는다. 베이징대에서조차 마오쩌둥에 대한 신화화가 지속되는 모순적인 상황을 목도한 재형은 중국 지식인 계층이 갖고 있는 당에 대한 맹목적 믿음의 이면을 경험한다.

송재형이 수업 중 목격한 인상적인 장면이 있다. 미국을 포함한 글로벌 기업들이 중국 기업의 무작정 베끼기를 신랄하게 비판하자, 한 베이징대학의 중국 청년이 당당하게 맞받아친다. 서구 열강은 중국의 고대 발명품인 종이, 나침반, 화약, 인쇄술을 훔쳐가고도 지적 재산권에 대한 비용을 지불했는지 말이다. 중국 기업의 산짜이(山寨, 모조품, 가짜) 철학은 기업의 이익을 위한 것이 아니라 더 싸게 많은 혜택을 누릴 수 있는 인민을 위한 철학임을 역설한다. 아울러 지적 재산권을 핑계로 좋은 기술을 독점하고 이익을 향유하는 서구 기업들의 이기적인 작태를 비판한다. 블록체인의 오픈 소스 철학이 떠오르는 장면이기도 하다.

네오는 2014년 앤트쉐어(AntShare)라는 이름으로 시작된 코인이다. 중국 계열의 코인과 채굴에는 유독 '개미'라는 이름이 많이 사용된다. 가장 유명한 중국계 마이닝풀(함께 채굴하여 참여도에 따라 나누는 코인을 나누는 모임)의 이름도 '앤트풀(개미 모임)', 유명 중국 기업 비트메인의 채굴 장비 이름도 '앤트마이너(개미채굴기)'이다. 주식 시장에 참여하는 개인을 지칭하는 '개미'에서 출발되었는지 모르지만 채굴을 위해 열심히 반복 연산을 하는 모습에서 연상된 것은 아닌지 추측해본다.

2017년 6월 네오(NEO)로 이름을 바꾼 앤트쉐어는 8월 첫 탈중앙앱 개발 이후 폭발적으로 가격이 상승했다. 2018년 6월 현재 시가총액 13위인 네오는 스마트 자산 플랫폼으로 C언어, 자바, 파이썬, 마이크로소프트넷 등 거의 모든 개발 언어를 지원한다. 이더리움은 솔리디티 언어에 대한 이해가 필요하다는 단점이 있다. 중국 최초의 블록체인 코인인 네오는 중국 규제에 민감한 편이다. 사용자들이 노드 운영자를 선출하고 검증 과정에서 무작위로 블록 생성자를 결정하는 합의 방식인 '위임 비잔틴 장애 허용(Delegated Byzantine Fault Tolerance, 상세내용 첨부 참조)' 방식을 사용한다. 또한 샤딩 (Sharding, 상세내용 5장 참조)과 동시 실행 기능을 포함해 네트워크가 커졌을 때 실행 속도가 느려지는 문제에 대처하기가 이더리움보다 유리하다. 서로 다른 블록체인을 호환하는 네오 X(상세내용 첨부 참조)와 양자 컴퓨터에 대응하기 위한 네오 QS를 개발 중이다. 네오를 보유하고 있으면 네오 가스라는 코인이 1,000네오당 0.5개 지급된다. 아직까지는 글로벌 블록체인 플랫폼이라기보다는 중국판 이더리움이라고 불린다. 이더리움처럼 탈중앙 제작이 가능하고 네오 자체 네트워크가 운영한다.

네오는 이론 상 1,000개의 초당 거래 처리 속도를 뽑아낼 수 있다고 백서에서 언급했지만, 네오 블록체인이 멈추거나 그 이하의 속도만 나온다는 보고가 있다. 네오 지갑이 제대로 작동하지 않는다는 문제도 지적된 바 있다. 게다가 스마트 계약을 블록체인에 올리는 데 드는 비용이 500가스로 너무 많은 편이며, 스마트 계약 개발 과정에서 오류가 많이 발생한다는 문제도 있었다.

여기서 가장 중요한 것은 합의 알고리즘 관련 부분이다. 네오의 합의 알고리즘은 참여 노드가 n개일 때, $(n-1)/3$개보다 초과하는 노드가 사기를 치거나 오류를 내면 합의가 이뤄지지 않는 특징이 있다. 그럼 네오 블록체인에서 합의를 진행하는 노드의 수는 몇 개일까? 현재 네오의 노드, 즉 네오에서 북키퍼(Bookkeeper)라고 부르는 위임을 받은 대표자의 수는 나오지 않지만 2017년 12월에 7개였다는 점과 2018년 1사분기에 북키퍼의 수를 늘리겠다고 발표한 점을 보면 아직 7개일 가능성이 높다.

만약 7개라고 가정하면 $(n-1)/3$을 초과하는 노드, 즉 최소 3개의 노드가 작동을 멈추면 네오 블록체인은 블록이 생성되지 않고 그 자체가 멈추는 사태가 발생한다. 암호화폐 전송 500개로 제한, 네오 노드가 3개만 탈락해도 멈추는 점 그리고 ICO로 인해 암호화폐 전송이 폭발적으로 늘어난 점을 모두 고려하면, 네오 블록체인이 멈추는 문제의 이유는 갑자기 늘어난 암호화폐 전송을 노드가 감당하지 못하면서 3개 이상의 노드가 다운되어 블록체인의 합의가 진행되지 못하기 때문이다. 이는 네오뿐 아니라 새롭게 등장한 모든 코인의 초창기에 발생 가능한 문제들이다. 새로운 코인을 개발 중인 개발자들이 참고할 만한 타산지석의 교훈이다.

다크호스 코인들의 은밀한 실험

오미세고 – 은행 포로들을 해방하라

이더리움 기반의 암호화폐 '오미세고(Omisego)'는 "Unbank the Banked"라는 슬로건을 내걸고 퍼블릭 체인을 통해 결제 및 보상시스템, 금융서비스를 제공한다. 이더리움 체인에만 의존하지 않고 별도의 목적화된 체인으로 구동될 예정이다. 간단히 말하면 은행 없이 금융 업무를 할 수 있게 만드는 솔루션이다.

일례로 알리페이와 페이팔 같은 결제망은 현재 연동되지 않는데 이를 연결하고 경계를 허물 수 있다는 특징이 있다. 편의점에서 항공 마일리지로 결제하거나 편의점 포인트로 오픈마켓에서 결제하기가 가능하다는 것이다. 이는 오미세고 블록체인에서 이루어진 탈중앙화거래소(DEX)를 통하여 이루어진다. 오미세고 네트워크 사용 가능한 White-label wallet SDK라는 개발 도구가 따로 제공될 예정이며 별도로 파트너십이나 허가가 필요없다는 것이 특징이다. 저렴한 수수료(0.1~1% 예상), 뛰어난 블록체인 보안, 빠른 결제 속도에 SDK 개발 도구로 코딩까지 쉬워서 결제망을 구축할 수 있다는 강점이 있다.

오미세고에는 Plasma(첨부 참조)라는 비탈릭 부테린과 조셉 푼의 프로젝트가 최초로 적용될 것이다. 초당 무려 100만 회의 결제를 처리할 수 있는데 이는 비자카드 최대 결제량의 17배가 넘는 수준이다. 또 이더리움 체인에 샤딩이 적용된다면 더욱 큰 확장성을 기대할 수 있다. 기업이 원하면 오미세고 네트워크를 쉽게 이용할 수 있는 도구를 활용해 자사의 결제 시스템은 물론 마일리지와 송금 시스템을 구축할 수 있다.

오미세고 네트워크 개발의 주축인 결제회사 오미세(Omise)는 오미세고 네트워크 구축 시 모든 결제에 이를 이용하기로 전환이 예정되었다. 맥도날드와 버거킹, 보스, 타이항공을 포함한 굵직한 여러 회사들이 오미세의 파트너들이다. 일본 최대 도시은행인 미쓰비시 UFJ은행과 일본 금융 기업 SBI, TrueMoney 등도 투자자이자 파트너다. 2018년 2월, 오미세고 eWallet SDK의 소스가 오픈되었다. 완성본이 아니라 블록체인에 연동되진 않지만 프로젝트가 로드맵에 따라 진행 중임을 보여주었다.

블록체인 SNS 스팀잇 – 블로거의, 블로거에 의한, 블로거를 위한

스팀은 선출된 검증자(witness)들이 노드를 유지하고 블록 생성에 따른 보상으로 지급받는 암호화폐다. 스팀잇은 스팀을 기반으로 하는 소셜 블로깅 플랫폼이다. 블록은 3초마다 생성되는데 블록 완성자에게 10%, 스팀 파워 보유자에게 15%, 글쓴이에게 56.25%, 추천자에게 18.75%가 배분된다. 블록체인을 점검하고 균형 유지 역할을 수행하는 검증자들은 노드를 운영해야 하며, 스팀잇 유저들은 투표권을 갖는다. 스팀잇 블로그에 글을 작성하고 투표에 참여하면 직접 채굴을 하지 않아도 스팀을 일정량 배분 받는다.

암호화폐 스팀은 스팀, 스팀 파워, 스팀 달러의 3종류로 구분되며 상호 전환이 가능하다. 스팀은 스팀 파워나 스팀 달러로 바꿀 수 있고 스팀 파워는 스팀으로 바꿀 수 있다. 다만 스팀 파워를 스팀으로 바꾸는데에는 13주가 소요되며, 스팀 파워와 스팀 달러에는 이자가 붙는다. 이자율은 지속적으로 줄어 현재 스팀 파워는 약 1.4%, 스팀달 러는 0이다. 블로깅은 하루에 글을 올리는 데에는 제한이 없다. 1일, 30일 단위로 발생하던 보상이 7일로 변경되었으며 다른 사람이 글을 추천하면 보상이 발생한다. 보상액은 추천한 사람의 스팀 파워에 따라 다르다. 댓글도 추천할 수 있고 보상이 발생한다. '싫어요'에 해당하는 다운보트 (down-vote)가 발생하면 보상이 줄어든다. 스팀 달러를 사용해 자기 글을 홍보할 수도 있는데 금액이 클수록 상위에 노출된다. 홍보에 사용한 금액은 유통되지 않고 소각된다.

인터넷 혁명가 이오스트(IOST) – 블록체인 혁명은 이제 겨우 시작에 불과하다!

2018년 6월 현재 시가총액 55위인 IOST는 IOS(Internet of Services) 서비스 기반 에코시스템을 지원하기 위한 네트워크 인프라를 제공하는 블록체인 기술이다. ERC20 기반 토큰이며 2019년 3분기에 자체 메인넷 진출을 준비 중이다. IOS 플랫폼은 온라인 서비스와 디지털 상품을 거래하기 위한 탈중앙화 시스템을 제공할 예정이며, 개발자들이 큰 규모의 탈중앙앱dApp을 개발할 수 있도록 할 계획이다.

여러 건의 거래를 동시에 처리하는 효과적 분산 샤딩(EDS, Efficient Distributed Sharding)과 지분증명의 문제점을 보완한 믿음 우선(Proof-of-Believable) 합의 방식 등의 기술이 특징이다. 이를 토대로 보안을 보장하는 동시에 시스템의 처리량 향상을 목표로 한다. 신개념의 다양한 블록체인 기술 개발이 목표여서 큰 기대를 받지만 정말 현실에서 구현 가능할지 많은 의심을 받기도 한다.

IOST는 탈중앙화 가상 상품, 서비스 마켓, 클라우드 컴퓨팅, 파일 저장소, 예측 시장 등 여러 분야에서 탈중앙앱을 개발할 수 있도록 지원할 예정이다. 궁극적으로 초고속 전송 능력(초당 10만 거래 회수)을 완성해 모든 종류의 온라인 서비스를 제공 가능한 인프라를 구축하려는 플랫폼이다. 정식 명칭은 아이오에스토큰, 우리나라에서는 '이오스트'라고 많이 부른다.

암호화폐, 빙하기를 넘어 해빙기가 온다

'군맹무상(群盲撫象)'이라는 사자성어가 있다. '장님 코끼리 만지기'라는 속담으로 익히 아는 내용이다. '기존 사고의 틀을 가지고 무언가 새로운 것을 바라보면 그것의 진정한 잠재력을 볼 수 없다'는 통찰을 주는 말이다. 새로운 열린 마음을 바탕으로 인식의 틀을 전환하는 것이 매우 중요하다는 뜻이다. 부분적인 것을 조금 깨닫고선 다 안다고 착각하는 것은 무엇보다도 위험하다. 이는 소크라테스의 '무지(無知)의 지(知)'라는 맥락과 궤를 같이한다. 소크라테스는 자신의 무지를 깨달았기 때문에 다른 사람보다 현명한 사람이었다.

2008년 탄생한 블록체인은 아직도 일반인에게는 낯선 개념이다. 최근 짧은 기간 안에 큰돈을 벌 수 있다는 이유만으로 많은 사람들의 관심을 끌었지만, 정작 기술의 유용성과 가치에 대해서는 적용 시점과 분야에 따라 전문가들의 견해도 서로 다르다.

블록체인 기술은 이제 막 걸음마를 시작한 아기와 같다. 그 아기를 보고 어떤 어른이 될지 갑론을박 설전을 벌이는 형국인 셈이다. 수많은 코인과 토큰 중 무엇이 어떻게 실생활에 어떤 식으로 사용되고 새로운 가치를 창출할지 누구도 함부로 예단하기 어렵다. 어쩌면 마른하늘에 날벼락처럼 갑작스레 거품이 꺼지면서 99%의 코인과 토큰들이 순식간에 사라져버릴 수도 있다. 하지만 진정한 가치를 갖는 암호화폐와 블록체인 기술은 살아남을 것이다. 세상을 변화시켰던 수많은 기술들은 늘 그런 형태로 발전해왔기 때문이다.

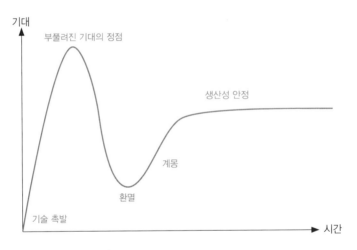

가트너의 하이트 곡선
새로운 기술이 등장한 이후 시간에 따른 일반인들의 기대치 변화를 나타낸다

현재 암호화폐 시장은 변동성이 매우 크다. 아직까지는 개인이 전체

코인 시장의 투자를 주도하고 있기 때문이다. 그 실상은 욕심과 무지가 판을 치는 도박 시장에 가깝다. 눈먼 투자자들의 돈을 노리는 사기성 코인뿐 아니라 구체적인 비즈니스 모델 없이 어려운 기술적인 내용으로 그럴듯하게 포장한 쓰레기 코인들도 여전히 판을 치고 있다. 완전히 제도권으로 들어오지 못했기에 여전히 단기 차익을 노리는 사람들이 코인 시장을 주도하며, 수백 수천 배의 대박을 꿈꾸며 지나치게 높은 수익률을 목표로 한다.

이러한 변동성 문제를 해결하려면 세금과 금융실명제 같은 구체적인 법적 규제가 꼭 필요하다. 수년 내로 법적 규제가 정비되면 변동성은 줄어들고 기관 투자자들의 참여가 활성화되면서 점차 안정화될 테고, 이 단계에서 진정한 옥석 가리기가 시작될 것이다.

더 이상 비트코인 초창기와 같은 투자 수익률을 암호화폐에서 기대하기는 어렵다. 대신 일반 주식보다는 리스크가 높지만 더 높은 기대 수익을 원하는 투자자들이 선호하는 상품이 될 것이다. 기관 투자자들의 직접적인 참여와 일반인을 위한 ETF(Exchange-Traded Fund) 같은 간접 투자 상품을 통해 시장 규모는 더욱 확대될 것이며 점차 기존 증권 시장과 본격적인 경쟁을 시작할 것이다.

따라서 법적 규제가 완비되기 전까지는 암호화폐 시장은 전반적으로 하향 추세를 면치 못하거나 이슈 중심의 크고 작은 변동성만 만들 것으로 전망된다. 성공적인 투자자를 꿈꾸는 사람은 두 가지 선택의 기로에 놓인다. 환멸의 구렁텅이를 거쳐서 살아남을, 생존력 강한 암호화폐에 투자하여 장기 보유를 하는 방법과 암호화폐의 거품이 걷힌 뒤 비로소 계몽기를 맞아 빠르게 성장하는 극소수의 검증된 암호화폐에 투자하는 방법이다. 선택은 본인의 몫이다. 큰 수익을 꿈꾸며 첫 번째 전략을 선택했다면 '환멸의 구렁텅이'를 지혜롭게 빠져나오기 위해 암호화폐의 진정한 비즈니스 가치를 객관적으로 평가할 수 있어야 하고, 화폐 전쟁 및 코인 전쟁으로 요약되는 전체적인 싸움의 양상을 파악해야 한다.

향후 미국의 빚 문제, 유럽의 정치 문제 그리고 아시아의 역사 문제가 중요한 변수가 될 것이다. 만에 하나, 쑹훙빙이 예측한 달러 붕괴 사태가 2020년 전후로 발생한다면 전세계 경제는 그야말로 빙하기를 맞아 혹독한 시련을 겪을 것이다. 그동안 빚과 부채를 바탕으로 추진되었던 경제 성장 정책은 쓰레기통에 던져질 것이고, 국가에서 발행한 법정화폐에 기반한 경제 모델에 많은 사람들이 의구심을 품을 것이다. 실질적인 가치와 비즈니스 차별화를 만들어내지 못한 대부분의 코인들은 이 시기에 사라질 것이며, 혹독한 환멸의 구렁텅이를 거쳐 살아남은 극소수의 암호화폐는 차세대 경제 성장의 진정한 수단으로 각광받을 것이다.

빙하기를 거쳐 살아남은 코인들은 본격적으로 중앙집중형 인터넷과 경쟁을 벌일 것이다. 누구나 사용하는 킬러 탈중앙앱이 등장하고 본격적으로 중앙집중형 인터넷이 차지했던 영역들을 빠르게 대치해나갈 것이다. 블록체인은 새롭게 맞이한 해빙기의 새로운 인프라와 공공재로 자리를 잡으면서 일반인들은 더 이상 앱과 디앱을 구분하지 못할 것이다. 빙하기에 가까스로 살아남은 기업들은 새로운 성장 동력을 얻기 위해 블록체인과 암호화폐라는 도구를 적극 사용할 것이며, 나아가 누구도 더는 데이터를 독점하거나 정보의 비대칭성을 이용하여 중개업을 할 수 없을 것이다. 새롭게 구축된 코인 기반의 자본주의와 블록체인 투명성이 강화된 민주주의 정치를 통해서 일반 시민이 더 많은 권리와 혜택을 누리는 사회가 도래할 것이다. 그리고 결국 준비된 사람만이 이 기회를 거머쥘 수 있다.

코인 춘추전국 시대, 누가 중원을 차지할까?

춘추전국 시대는 500여 년의 천하 대란의 시기였다. 춘추시대 290여 년 동안 무려 483차례의 전쟁이 일어났고 전국시대에 들어서자 병력 규모는 더욱 커져 한 번에 10만 명 넘게 참전하는 경우도 흔했다.

전국시대 말 진(秦)을 제외한 6국에는 '가문 타령'만 하면서 특권 세습에 안주하려는 권위주의 집단과 모든 권리를 박탈당한 채 고난의 생활을 영위하는 노예 계층이 극한 대조를 이루고 있었다. 이러한 부패로 말미암아 인구의 대부분을 차지하는 노예 계층은 근로 의욕을 상실했고 군대의 사기도 형편없이 추락했다.

그러나 진나라는 달랐다. 노예라도 황무지를 개간해 생산력을 늘렸거나 전쟁에서 공을 세우면 즉각 신분이 승격됐다. 그중에는 귀족에 가까운 영전을 보장받거나 장교 또는 관리로 등용되는 이도 있었으며 징용

면제 같은 특전을 받기도 했다. 진나라에 '자각적 적극성'이 팽배한 것도 이런 까닭이다. 결국 통일의 업적을 달성한 진나라는 개혁을 거치면서 강한 국가가 되었다. 반면 6국의 왕조와 특권층은 개혁에는 관심도 없고 권력욕에만 눈이 어두워 기득권 유지와 세력 확대에만 매달렸다.

통일 전쟁이 본격적으로 벌어지자 진의 각개격파 전략은 곳곳에서 성공을 거두었다. 6국 중 5개국이 연합, 단결했거나 초(楚) 하나만이라도 정신을 바짝 차렸다면 전세의 귀추를 속단할 수 없었다. 그러나 결국 진은 기나긴 춘추전국 시대를 끝내고 중국 천하를 최초로 통일했다.

향후 코인의 춘추전국 시대를 끝내고 암호화폐의 중원을 통일하는 코인은 무엇일까? 춘추전국 시대의 역사에서 교훈을 찾는다면 코인 설립 초창기의 철학을 지켜가면서 실생활에서 진정한 비즈니스 가치를 창출하고 그 가치를 참여하는 이들에게 돌려주는 코인이 될 것이다. 이 대목에서 중요한 것은 세 가지 정도로 볼 수 있다.

첫째, 단지 투자자들의 기대치에 편승하여 코인 버블을 만드는 것이 아니라 실질적이고 의미 있는 경제적 가치를 만들 수 있어야 한다. 그러려면 실체가 있는 비즈니스 모델이 핵심이며, 그 모델은 코인의 가치와 연동되어야 한다. 회사 비즈니스는 성공했지만 코인의 가치를 끌어올리지 못하면 아무 의미가 없다. 아울러 이를 약속한 대로 현실에서 실행하고 구현할 수 있어야 한다. 아무리 고상한 철학과 거창한 로드맵을 갖추었다 해도 실행할 수 없다면 무의미하기 때문이다. 그래서 프로젝트를 수행하는 리더와 팀원들의 배경과 실력이 매우 중요하다. 결국 비즈니스의 핵심은 사람이고 수익은 비즈니스 모델 혁신에서 창출되기 때문이다.

둘째, 코인 창업자의 철학과 이를 끝까지 지켜낼 수 있는 원칙이다. 대부분의 코인 창업자들이 경험하는 사항이겠지만, 막상 투자 자금이 들어오면 마음이 바뀌는 것이 인지상정이다. '적당한 선에서 프로젝트를 마무리해도 여생을 걱정 없이 잘 보낼 수 있는데 굳이 험난한 고난의 행군을 해야 하나?' 하는 내적 갈등에 빠지게 된다. 남극점 탐험을 무사히 끝내고 팀 전원이 무사히 복귀했던 아문센의 탐험 팀은 날씨가 어떻든지 상관없이 매일 정해진 거리를 이동하는 것을 원칙으로 정했다. 비슷한 시기에 최첨단 장비를 바탕으로 좋은 날씨에 최대한 많이 이동하려 했던 스콧은 결국 한 달 뒤에나 남극점에 도달했고 안타깝게도 귀환 도중 모두 사망하는 비극을 맞이했다. 남들이 가지 않은 길을 가야 하는 코인 프런티어들에게 시사하는 바가 큰, 원칙에 대한 교훈이다.

셋째, 천상천하유아독존, 독불장군 식의 전략을 구사하는 코인보다는 협업과 연합 전략을 추구하는 코인이 성공할 가능성이 높다. 진나라는 최초로 중국을 통일했지만 채 15년도 되지 않아 시황제의 사망과 함께 중국은 다시 분열되었다. 겉보기에는 중국을 통일했지만 실상은 크고 작은 나라들을 같은 질서 아래로 편입한 것에 그쳤기 때문이다. 향후 2차 코인대전에서는 다양한 합종연횡의 전략들이 나타날 것이다. 결국 인류의 보편적 가치를 위해 함께 연합하는 코인들을 위주로 새로운 질서가 재편되리라 예상한다.

4장
상상력과 가치의 시대

"지식보다 중요한 것은 상상력이다.
지식은 한계가 있다.
하지만 상상력은 세상의 모든 것을 끌어안는다."

알버트 아인슈타인

제2차 코인전쟁

Stay hungry, Stay foolish

"Stay hungry, Stay foolish"

2005년 스티브 잡스가 스탠포드대학 졸업식에서 했던 축사의 마지막이었던 이 말은 전세계에 크게 유행했다. 직역하면 "배고픈 상태를 유지하고, 어리석은 상태를 유지하라"인데 "안주하지 말고 끊임없이 갈망하고, 남들이 어리석다고 생각할 정도로 무모한 도전을 하라"는 의미로 해석된다.

'Stay hungry'는 다양하게 해석할 만한 여지가 있는데 절박함, 궁핍함을 유지하라는 말이기도 하고 끊임없이 갈구하라는 말로도 이해할 수 있다. 어찌 되었던 당시 이미 큰 부와 명예를 이룩한 그가 이제 막 졸업해서 사회생활을 시작하는 졸업생들에게 이런 말을 했다는 것은 곱씹을수록 잡스의 깊은 내공을 느끼게 해준다. 대학 졸업생이 무엇을 이루고 무슨 부를 축적했겠는가? 그런데도 'stay hungry'라고 조언한 것은 매우 심오한 가르침이라고 생각한다. '절박함'이나 '궁핍함'은 모두 부정적인 뜻의 단어다. 그 반대말인 풍부함, 부유함, 만족함이 긍정적인 단어처럼 느껴진다. 그 동안 열심히 공부해서 이제 행복과 부유함, 풍부함, 만족을 위해 사회에 뛰어드는 졸업생들에게 'stay hungry'라고 조언한 것은 과연 무슨 의미였을까?

북유럽 발트해 남동 해안에 위치한 에스토니아, 라트비아, 리투아니아를 '발트3국'이라고 한다. 예부터 이민족과 강대국의 지배를 받아오다 18세기 러시아 영토가 되었다. 1918년 독립하여 세 공화국이 되었으며 1934년 발트3국 동맹 체제를 구축했다. 그러나 소련에 강제 합병되었다가 소련의 붕괴와 함께 독립하였다.

그중 에스토니아는 인구 131만 명, 국토 면적 45,000km2로 남한 면적의 절반이 조금 안 되는 작은 나라지만 4차 산업시대를 주도하며 디지털 선진국으로 전세계의 주목을 받고 있다. 이렇게 작은 나라가 어떻게 세계 최고 수준의 디지털 국가가 되었을까?

바로 '절박함' 때문이다. 에스토니아는 역사적으로 바이킹족과 게르만족들 침략에 시달려 왔고 러시아에 강제 복속되었다. 1918년 겨우 독립했지만 다시 소련에 강제 병합, 51년 만에 다시 독립할 수 있었다. 에스토니아는 언제 국가가 다시 없어져도 전혀 이상하지 않을 정도로 절박했다. 그래서 국가의 근간을 이루는 국민들의 정보를 전자 형태로 보유하면 설령 나라가 없어지더라도 사이버 상에서는 국가를 보존할 수 있으리라고 생각한 것이다.

에스토니아는 15세 이상의 모든 국민에게 ID번호를 부여하고 ID카드를 이용해 모든 정보를 디지털로 관리한다. 결혼, 이혼, 부동산 매매 등의 행정 절차를 온라인으로 처리할 수 있다. 교육현장에서도 이를 적극 활용해 교사 연락사항, 시험성적, 지도 내용과 평가, 시간표, 수업진도 모두 e-스쿨 플랫폼에서 확인이 가능하다. 또한 e-폴리스를 도입하여 검거율을 5배 이상 향상시켰고, e-헬스를 병원에 도입하여 대기 시간은 1/3로 줄이고 처방전의 99%를 전자화했다. 교육, 치안, 의료 외에도 국회의 내각회의, 법인등기, 세금 납부, 대중교통 티켓 등 다양한 분야에서 디지털화가 진행된다. 이를 통해 국회 내각회의가 5시간에서 30분으로 단축되었고 법인 등록완료까지 단 18분이면 된다. 세금 전자 납부율은 98%에 달하며 확정신고 완료도 3분이면 끝난다. 전자투표를 도입하여 투표 비용을 2/5로 줄였으며 전자서명의 도입으로 국민 노동 시간을 1년에 1주일분을 감소시켰는데 이는 GDP의 2%에 해당하는 가치다.

에스토니아는 이런 IT 기반을 폭넓게 세계에 개방하며 글로벌 스타트업 유치에도 박차를 가하고 있다. 2014년 12월부터 전자시민권인 e-레지던시(e-Residency)가 시작되었다. 에스토니아 국민이 아니라도 스카이프 등의 영상통화로 은행과 면담을 통해 에스토니아의 은행 계좌를 개설할 수 있으며 온라인으로 회사도 설립할 수 있다. 131개국에서 150,000건의 신청이 있었고 1,000개 이상의 스타트업이 설립되었다

(2016년 11월 기준). 이런 식으로 가상의 에스토니아 국민이 늘어나고 스타트업 기업이 늘면 에스토니아의 경제 역시 함께 부흥할 것이다. 국가가 없어질 수도 있다는 절박함에서 비롯된 에스토니아의 노력이 IT시대 디지털 선진국으로 만들었다.

기술의 시대에서 가치의 시대로

블록체인 기술은 마치 인터넷처럼 정치, 경제, 사회적인 인프라에 해당하는 기반 기술이다. 스마트폰을 사용하면서 기지국 네트워크를 인지하기 어렵고, 인터넷을 사용하면서 복잡하게 거미줄처럼 연결된 서버와 클라우드 시스템을 상상하지 못한다. 내가 사용 중인 스마트폰과 컴퓨터가 함께 작업 중인 상대방과 직접 연결된 듯한 착각을 주는 것은 이러한 인프라들이 숨어 있기 때문이다. 우리는 보이는 것에만 익숙한데, 블록체인 기술이 본격적으로 적용되더라도 일반 사용자들은 구체적인 차이점을 피부로 느끼기 어렵다. 하지만 눈에 보이지 않는 것들이 사실상 더 중요하다. 숨겨진 인프라의 구조에 따라 누가 이익을 가져가고 어떤 사람이 위험에 노출되는지 미리 결정된다. 이런 면에서 블록체인 기술은 우리 사회에 근본적인 변화를 가져올 가능성이 크다.

정말 중요한 것은 그 근본적인 변화가 어떤 방향이냐는 질문이다. 새로운 변화라고 무조건 바람직한 것은 아니다. 변화의 방향과 내용에 어떤 가치를 담을 것인지가 핵심이다. 이미 다양한 기업들이 블록체인을 실생활에 적용하기 위해 유의미한 시도를 하고 있다. 현재 진행 중인 다양한 프로젝트를 살펴보면 향후 어떤 분야에 블록체인 기술을 바탕으로 새로운 변화들이 발생할지 예측할 수 있다.

하지만 여기에서 제시하는 사례들은 블록체인 기술이 어떻게 사용될 수 있을지 수많은 가능성 중 일부에 불과하다. 만일 당신이 일상에서 누구나 공감하는 불편을 겪고 있는데 아무도 합리적인 해결책을 제시하지 않는 상황에 처했다면, 당신은 결정적인 새로운 비즈니스 기회를 눈앞에 둔 것일지도 모른다. 간단한 서비스조차 왜 그리 오랜 시간이 걸리는지, 부당한 서비스 비용을 왜 지불해야 하는지, 어렵게 만들어낸 성과들이 왜 불평등하게 배분되는지, 고정관념에 사로잡혀 아무도 질문하지 않는다면 블록체인이라는 도구로 당신이 꿈꾸던 새로운 비즈니스를 창출할 수 있을지도 모른다.

블록체인 기술은 이미 범용화된 기술이자 도구에 불과하다. 관심 있는 사람이라면 누구나 사용할 수 있는 오픈소스 기술이며 약간만 노력하면 공구상자에 담긴 도구들처럼 실생활에 유용하게 사용할 수 있다. 새로운 도전을 할 결심이 섰다면 하나만 꼭 기억하자. 비즈니스의 성패를 결정하는 것은 기술 자체가 아니라 거기에 담긴 가치이자 새로운 비지니스 모델이다. 결국은 당신의 상상력에 달려 있다.

글로벌 외환 송금 거래

IBM은 Stellar와 KlickEx Group과 협업하여 쉽게 외환을 송금할 수 있는 해결책을 개발 중이다. 현재 해외로 송금하면 며칠, 심지어는 몇 주나 걸리며 단계별로 불필요한 수수료가 여러 차례 발생한다. 블록체인 기술을 바탕으로 이런 문제점을 해결하면 해외 직거래가 활성화되고 시장이 넓어지는 효과를 갖는다. 이들은 2020년까지 약 10억명이 사람들이 이러한 혜택을 누릴 수 있도록 준비 중이다.

통관 및 물류 업무 프로세스 개선

제품을 외국에 판매하거나 수입하는 과정은 생각보다 매우 복잡하다. 선적 단계에서 발생하는 수많은 서류들, 수출입 주체의 재정 상태를 증명하는 기록들, 국경을 넘는 과정에서 꼭 필요한 통관 서류 및 심사 과정 등 때문에 다양한 비용이 발생하고 많은 시간이 지연된다. IBM과 싱가포르는 이를 해결하기 위해 블록체인 기술을 바탕으로 한 공유 분산 원장을 이용, 과정을 간소화함으로써 비용도 절감하고 통관에 걸리는 시간을 단축한다. 블록체인에 기록된 데이터는 조작 및 변경이 불가능하며 시간에 따라 계속 추가되고 투명하게 공유될 수 있기 때문이다.

유럽 은행 무역 금융 거래 지원 플랫폼

디지털 무역 금융 컨소시엄으로 도이치뱅크와 HSBC 등 총 7개 은행이 참여해 있다. 그냥 은행의 전산망으로 거래해도 되지만 그러면 현금만 오가고 무역 시 실제 거래량을 파악할 수 없다. 거래량을 기록하는 동시에 금액도 주고받을 방법으로 블록체인을 사용한다. 무역거래 관리, 추적, 보안, 금융 프로세스 간소화가 가능하며 신뢰 기반 무역이 가능하다.

의료 정보 공유

미 식약청(FDA)이 진행 중인 프로젝트다. IBM의 왓슨 헬스를 이용해 FDA와 병원들이 환자의 질병 데이터를 공유한다. 일반적으로 보건 데이터 유출 방지를 위해 여러 겹의 보안을 해야 하므로 사용하기까지 시간이 오래 걸리는데, 블록체인 기술을 적용하면 위험을 낮추고 상용화를 단축할 수 있다. 상용화되면 특정 진료를 받던 환자는 어느 병원에서나 진료를 이어갈 수 있다. 페이션토리(Patientory)라는 회사도 비슷한 목적으로 ICO를 진행하여 코인을 출시했다. 향후 사이버 의료 시장 성장에 따라 의료 보안 솔루션을 제공하고 블록체인 기반으로 환자에 대한 데이터를 보호하려는 목표를 가지고 있다. PTOYS라는 코인을 매개로 환자와 의료 서비스를 연결하고 개인 의료 정보를 스마트폰에서 손쉽게 조회하고 사용하게 하며, 코인을 의료 서비스 비용으로 지불하려는 계획을 가지고 있다.

형법 체계 블록체인화

영국 경찰 재단이 추구하고 있는 방향이다. 범죄 발생 시 관련 수사 기록과 조서, 증거, 판결문 등을 블록체인 네트워크화한다. 경찰뿐 아니라 검찰, 법원 등 사법 시스템에서도 당연히 열람할 수 있다. 새로운 증거 등도 블록체인 내에서 디지털화하면, 법원에서 판결을 내릴 때 종이 증거가 아닌 영속적인 증거를 확인할 수 있다. 확실한 보안이 이루어지면 빠르게 접목될 것이며 막대한 비용을 절감할 것이다.

디지털 아이덴티티 (개인 및 사물 인증)

블록체인 기술과 생체인증 기술을 결합하면 훨씬 더 편리한 개인용 서비스가 가능해진다. 아이디와 패스워드를 기억할 필요 없이 지문이나 홍채 인식을 통해 사용자 인증과 결제, 이체 등의 서비스를 이용할 수 있다. 누군가 신분증 위변조를 시도할 경우, 이후의 모든 내역이 담긴 블록을 현재 만들고 있는 블록보다 더 빨리 만들어야 하기 때문에 사실상 불가능하다. 나아가 사물 자산에까지 적용되면 사물 인터넷으로 연결되는 초연결 시대에 사물은 일종의 '디지털 여권'을 보유하게 된다. 결과적으로 블록체인은 기존 기술과 상호 연계됨으로써 강력한 후보 기술이 될 것이며, 블록체인 인증시장은 폭발적으로 성장할 것이다. 시빅(Civic)은 블록체인을 적용한 생체 인식 신원 확인 플랫폼으로서 다양한 기업과 개인들이 현실에서 이를 솔루션으로 사용할 수 있게 한다.

미국의 월마트는 IBM과 파트너십을 맺고 식품 전체의 공급 가치사슬에 블록체인을 도입하고 있다. 식품의 안전 보장이 1차적 목표지만 공급 가치사슬 전반에 대한 가시성 확보와 투명성 제고로 이해관계자들과 가치를 공유하는 것이 주요 목적이다. 식품 유통은 원산지 생산자와 관계를 맺고, 생산자의 작물을 식품 처리 설비에 전달하며, 이후 유통 센터로 옮겨가는 과정을 거친다. 사물 인터넷과 블록체인을 활용해 원산지에서 식탁까지 최적의 식품 흐름을 구현함으로써 고객에게 최적화된 식경험을 제공할 예정이다.

에너지 공유

외국에서는 가정과 직장에서 태양광 발전기와 이를 저장하기 위한 에너지 저장용 배터리 및 전기자동차 등을 사용한다. 이 전력량에 블록체인 공유 원장을 도입하여 남는 에너지를 거래하면 어떨까? 예를 들어 휴가를 떠난 동안 태양광 발전기가 계속 전기를 생산해냈거나, 전기차를 충전해놓았는데 생각보다 많이 사용하지 않았다면 남은 전기를 네트워크를 통해 팔 수 있다. 향후 신재생 에너지 기술은 오랜 잠복기를 거쳐 폭발적으로 성장하며 스마트그리드(인공지능 및 빅데이터를 활용하여 전기 에너지 낭비를 줄이고 수요-공급을 최적화하는 시스템)로 진화하고 있다. 블록체인 기술은 스마트그리드로 진화할 때 발생 가능한 비즈니스 문제를 효과적으로 해결할 수 있으리라 전망된다.

블록체인과 사물 인터넷의 조합을 '사물 체인'이라고 한다. 자율주행 차량은 사고나 위험 정보를 실시간으로 감지해 안전하게 도로를 달릴 것이며, 모든 통행료는 이동 구간별로 암호화폐를 통해 자동 결제된다. 출입통제, 영상 감시, 사고 감지 및 예방이 목적인 보안 사업도 사물체인을 통해 신뢰성이 강화된다. 또한 실시간 판매 데이터를 바탕으로 제조기업과 유통기업이 공동으로 수요를 예측하고 적시 주문 재고를 관리한다. 사물체인으로 물리적 사물의 디지털 아이덴티티를 확보하는 노력을 통해 다양한 업계로 확대될 것이며 기업의 생산성을 향상시킬 것이다.

인슈어테크 (블록체인 기반 보험)

미국의 자동차 보험사 프로그레시브는 자동차 운행 정보 기록 장치로 이용자의 보험료를 산정한다. 차량 자가 진단 장치부터 주행거리와 평균속도 및 최고 속도, 월간 주행 시간, 야간 운전 횟수, 급제동 급가속 횟수 등 다양한 데이터를 수집해 적정 보험료를 산출하는 것이다. 블록체인은 청구 자동화, 사기 방지 로직 구현 등 이벤트에 따라 자동 실행되는 스마트 컨트랙트 구현, 휴먼 에러 최소화 및 데이터 중복 방지, 아이덴티티 인증을 통한 중개 역할 제거, 실시간 개인 맞춤형 보험료 산정 등 새로운 보험 모델의 기반을 제공한다. 블록체인 기술이 다른 디지털 기술과 연계되고 신상품 개발, 기록 보관, 보험금 지급 등의 분야에까지 확대 적용됨으로써 혁신을 견인할 것으로 보인다.

블록체인은 제3의 중개자를 축소하거나 아예 제거할 수 있다. 스마트 컨트랙트 플랫폼으로 매수자와 매도자 간 매매계약이 체결되면 매매계약서, 토지 대장, 건축물 대장 등본, 인감 증명, 주민 등록 등본 등 이전 등기에 필요한 서류들의 디지털 처리가 가능해진다. 블록 기반 거래의 전체 내역은 위변조 없이 보관되어 투명 거래를 보장한다. 거래자는 모든 내역을 조회할 수 있으며 자산 소유권도 검증 가능하다. 또한 금융 기관에서 바로 부동산 거래 관련 해당 정부기관으로 전송된다. 스웨덴은 2017년 블록체인을 이용한 부동산 등록 시스템을 도입함으로써 연 1억 유로를 절감할 것으로 기대한다. 부동산 블록체인 플랫폼을 지향하는 스타트업 아틀란트(Atlant)는 ATL이라는 토큰으로 부동산 자산을 거래할 수 있도록 하며, 중개자 없는 완벽한 P2P 부동산 렌탈 서비스를 지원함으로써 숙박중개업 시장 진입을 준비 중이다. 미국의 스타트업 렉스(REX)는 매물 등록 시 검증과 데이터 갱신에 참여한 이용자들에게 암호 화폐 렉스 토큰을 제공함으로써 허위 매물을 막고 블록체인 기반의 부동산 데이터 검증으로 시장을 뒤흔들고 있다. 수천만 건의 주택 정보가 이미 등록되었고, 곧 정식 서비스를 시작할 예정이다.

전자투표 서비스

스마트 컨트랙트 기반의 온라인 투표 시스템은 항목과 참여자, 후보자, 시간 등 투표 업무에 필요한 일체의 요소들과 복잡한 투표 프로세스를 혁신한다. 중앙선거관리 기관 없이도 신뢰도 높은 온라인 투표를 할 수 있다. 투표 참여자는 블록체인 거래 참여자처럼 익명성을 보장받으면서도 투표 시스템의 무결성을 검증하는 구성원이 된다. 비밀투표의 원칙을 지키면서도 결과는 모두에게 투명하게 공유된다. 2014년 스페인의 신생 정당 포데모스(Podemos)는 공정한 투표 시스템 구현을 위해 블록체인을 적용한 '아고라 투표(Agora Voting)'를 선보였다. 정당 집행부와 유럽의회 의원 후보 선출은 블록체인 기술을 활용한 전자투표 시스템을 통해 이루어지고, '데모크라시 OS(Democracy OS)' 같은 앱으로 다수의 시민들에게서 새로운 정책 제안과 찬반 의견을 확인할 수 있다. 호주의 신생 정당 플럭스(Flux)는 국민 의견을 정책에 반영하기 위해 블록체인 기술을 활용한다. 당원에게 투표권 토큰을 발행하고 당원은 어떤 정책이나 법안에 찬반 투표를 할 수 있다. 낯선 법안에 대해서는 신뢰할 수 있는 전문가나 대리인에게 투표권을 양도할 수도 있다. 이러한 모델은 직접 민주주의를 가능하게 하고, 자칫 무지로 인한 정책 선정의 오류나 포퓰리즘화의 가능성을 최소화한다.

블록체인 정부

인구 270만 명의 두바이는 두바이 블록체인 전략을 발표했다. 정부

효율성 제고, 신산업 창출, 국제적 리더십 확보라는 큰 축으로 구성된다. 첫 번째 전략은 서류 없는 정부의 완성이다. 비자 신청, 세금 납부, 라이선스 갱신 등 모든 관련 서류가 디지털로 대체되고 블록체인으로 안전하게 관리되어 연간 55억 달러의 예산이 절감된다. 두 번째는 블록체인 기술을 활용해 부동산, 금융, 헬스케어, 교통, 도시계획, 스마트 에너지, 디지털 커머스, 관광 등 제반 산업의 혁신을 지원하여 다양한 비즈니스 기회를 만들겠다는 전략이다. 글로벌 비즈니스와 관광의 허브로서 블록체인 솔루션을 구축해 여행객들이 여권 확인, 출입국 심사, 차량 렌트 등 모든 서비스를 빠르고 간편하게 이용할 수 있도록 할 계획이다.

탄소배출권

기후 변화와 환경 문제는 모든 인류가 직면한 심각한 문제다. 석탄 및 석유 같은 탄소 기반 에너지의 무분별한 사용으로 인해 지구의 생태계는 심각하게 훼손되고 이로 인해 물과 식량 부족 등 커다란 위험이 닥칠 거라고 전문가들은 전망한다. 그러나 경제가 지속적으로 성장하려면 더 많은 에너지를 사용해야 하며, 정치 경제 등의 이유로 인해 전세계적인 노력에도 불구하고 아직 효율적인 제어 수단은 없다. 신재생에너지를 장려하고 탄소 기반 에너지 사용을 줄이기 위한 대한 대안으로 탄소배출권에 대한 개념이 제시되었고, 실질적인 운영을 위해서는 블록체인에 기반한 신뢰성 있는 교환 시스템이 필요하다. IBM은

Energy-Blockchain Labs와 협약하여 탄소배출권에 대한 공유 분산 원장 도입을 추진 중이다.

4장 상상력과 가치의 시대

4차 산업혁명이라는 기회와 위기

요즘 많은 사람들이 페이스북을 이용한다. 페이스북을 공짜로 이용하는 것 같지만 사실 값비싼 데이터를 페이스북에 대가로 제공한다. 이용자의 개인 정보뿐 아니라 관심사, 선호도 그리고 주변 인맥 관계에 대한 정보가 페이스북 서버에 차곡차곡 쌓이고 있다.

중요한 대통령 선거가 있다고 가정하자. 대부분의 선거는 아직 누구에게 투표할지 결정하지 못한 10% 내외의 부동층에 의해 결정된다. 마음만 먹으면 페이스북은 누가 부동층인지, 그들이 선거 당일 투표할 것인지, 그들의 관심과 성향은 어떤지 쉽게 파악할 수 있다. 설문조사는 샘플링 방법이나 표본 수에 따라 예측 결과가 달라지고 응답자의 본심을 정확히 파악하기 어렵다. 그래서 특히 경합이 벌어지는 선거에서는 정확성이 현저히 떨어진다. 만약 페이스북의 빅데이터를 바탕으로 부동층을 집중 공략할 수 있다면 선거의 결과까지도 바꿀 수 있을 것이다.

빅데이터는 이처럼 대중의 마음을 현미경처럼 들여다볼 수 있게 하며, 정치에게까지 막강한 영향을 끼칠 수 있다. 그뿐 아니라 페이스북은 지원자 약 8만6천명의 빅데이터를 바탕으로 개인의 성격을 판별해내는 시도를 했다. 인공지능이 동료, 친구, 배우자보다 사람의 성격을 얼마나 파악할 수 있는지 확인하는 실험이었다. 놀랍게도 인공지능은 불과 10개의 '좋아요' 데이터를 바탕으로 동료보다 정확히 참가자들의 성격을 파악했고 겨우 70개의 '좋아요'로 친구를 이겼으며 150개로 참가자들의 가족들을 능가했다. 심지어 300개가량의 '좋아요' 데이터를 바탕으로 배우자보다 정확하게 개인의 성격을 파악했다. 가까운 미래에 우리는 누구와 결혼하고 어떤 직업을 가져야 할지 페이스북에게 제일 먼저 묻게 될지도 모른다.

사람의 몸은 수많은 생체 신호를 가지고 있다. 센서 기술의 발달과 모바일 기술 덕택에 실시간으로 생체 신호를 데이터로 저장할 수 있다. 유전자 정보는 또 하나의 거대한 빅데이터이다. 개인의 DNA를 판독하는 비용도 기하급수적으로 감소하고 있다. 2010년 무려 1억원에 달했던 비용이 최근에는 불과 20~30만원으로 떨어졌고 수 년 안에 10만원 이하의 수준으로 낮아지리라 예상된다.

개인의 DNA를 판독하면 향후 암에 걸릴 가능성을 예측할 수 있을 뿐 아니라 특정 치료약이 잘 들을지 아니면 다른 부작용이 있을지도 판독할 수 있다. 생체 정보와 유전자 정보를 바탕으로 개인에게 최적화된 진료 및 의료 서비스를 구현할 수 있다. 생활 습관, 식습관, 잠버릇 등을 빅데이터로 모아서 현재의 건강 상태뿐 아니라 앞으로 발생할 문제도 예측이 가능하다.

미국 질병관리국이 독감 주의보를 발령하기 이전에 구글은 이미 먼저 독감 발병 여부를 정확히 예측할 수 있다. 질병관리국이 각 병원에서 보낸 내원 환자들의 감염 정보를 취합하는 데 약 2주가 걸린다. 하지만 독감 초기 단계에 환자들이 구글 검색으로 해당 증상을 찾아보고 감염 여부를 조회하기 때문에 구글은 실시간 검색어를 바탕으로 어느 지역에 얼마나 많은 사람들이 독감에 걸릴 가능성이 있는지 매우 정확히 예측하는 것이다. 우리는 구글 검색을 공짜로 사용하는 것 같지만 사실상 '검색어'라는 빅데이터를 실시간으로 구글에 제공하고 있다.

빅데이터와 인공지능은 제조업 분야에도 빠르게 적용되고 있다. GE는 2015년 인도 푸네에 브릴리언트 공장을 설립했다. 소프트웨어와 하드웨어의 결합을 통한 혁신 공장의 첫 모델이다. 일반 제조업이라면 까다로운 품질 관리를 위해 생산하는 품목이 정해져 있고 생산을 담당하는 인력이나 제조 라인을 바꾸지 않는 것이 상식이지만, GE는 동일 공장에서 빅데이터와 인공지능을 활용하여 제트엔진부터 기관차 부품에 이르기까지 항공, 오일, 가스, 철도 사업에 필요한 각종 기계를 생산한다. 한 공장에서 여러 분야의 부품을 만들 수 있는 것은 데이터를 실시간으로 활용해 공정을 최적화했기 때문이다. 대량생산과 공급이라는 생산자 중심의 자동화 공장에서 소비자 수요에 맞추어 다양한 제품을 생산할 수 있는 지능화 공장이 탄생한 것이다.

인공지능과 정보기술의 발전에 따라 우리의 일상에도 다양한 변화가 일어나고 있다. 집안 곳곳의 전자제품들은 가족의 음성으로 동작을 인식하며 필요에 따라 마치 개인 비서처럼 작동하고 전기나 수도는 날씨에 맞게 스스로 운영될 것이다. 사람의 운전 없이 스스로 운전하는 운송 수단의 발전으로 자동차는 더는 소유 대상이 아니라 이동을 위한 맞춤 서비스와 공유의 대상으로 전환될 것이다. 또한 개인의 진료 자료를 분석하고 각종 기기로부터 취합된 데이터를 이용하여 병을 예방할 것이다.

나날이 발전하는 가상/증강 현실 기술을 바탕으로 개인별 맞춤 학습이 가능한 스마트 학습이 도입될 것이다. 지능형 CCTV는 각종 범인을 잡는 데 큰 도움이 될 것이며 재난구조나 군사작전 등에도 사람 대신 로봇이 사용될 전망이다. 첨단 센서 기술을 이용하여 오염 물질을 분석하고 인공지능 기술을 활용하여 오염원을 차단하는 일도 가능할 것이다.

하루가 다르게 폭발적으로 늘어나는 빅데이터를 활용한 기술은 이미 우리 생활 곳곳에 빠르게 침투하고 있다. 신기술이 개발된 후 사회에 널리 보급되기까지 걸리는 과정을 경제학 용어로 '디퓨전(Diffusion: 확산, 보급)'이라고 한다. 이 디퓨전이 갈수록 짧아지고 있다. 미국에서 자동차가 인구의 50퍼센트에 보급되기까지 80년 이상이 걸렸다. 텔레비전은 30년 정도, 휴대전화는 10년 정도였다. 인공지능 기술은 그보다 더 빨리 확산될 것이다.

실리콘밸리를 중심으로 정보 통신 기술의 혁신을 이끌었던 기업들이 데이터를 독점함으로써 자유 경쟁의 근간을 뒤흔들고 있다는 비판이 확산되고 있다. 이들이 보유한 빅데이터들은 비즈니스 수익을 창출하는 소중한 자산이자 새로운 경쟁자들의 시장 진입을 막는 장벽이다.

그런데 이들의 데이터 수집을 무조건 막을 수 있을까? 글로벌 ICT 기업은 사용자의 사생활 보호를 위해 관련 정보를 안전하게 보관할 의무를 갖는다. 기존의 제조업 시장 독점과는 양상이 다르다. 전통적인 제조업 기반의 대량 생산 체제에서 시장 독점은 심각한 폐해를 낳는다. 독점 기업은 가격을 마음대로 조정할 수 있고 서비스나 제품에 문제가 있어도 굳이 개선하지 않아도 된다. 혹시라도 신규 경쟁자가 나타나면 덤핑 같은 방법으로 이들을 고사시킬 수 있다.

하지만 디지털 시장 독점은 폐해를 명확히 규정하기도, 사용자에게 직접 어떤 문제를 일으키는지 입증하기도 어렵다. 대부분의 디지털 서비스는 이미 무료로 제공되고, 광고나 마케팅을 통해 제3자가 비용을 지불하는 형태이기 때문이다. 사용자 입장에서는 해킹 같은 사고로 개인 정보만 유출되지 않는다면 별 문제점을 느끼지 못한다. 오히려 많은 사람들이 사용하는 서비스를 계속 이용할 가능성이 높다.

최근 다양한 기업들이 사용자 혜택을 최대화하는 방법으로 다양한 빅데이터를 수집한다. 페이스북이나 인스타그램에 끊임없이 올라오는 수많은 사진들과 댓글, 좋아요 피드백, 무료로 사용할 수 있는 공유 저장 드라이브, 교통 정보를 제공하는 편리한 공짜 길 안내 내비게이션, 스마트폰에서 쉽게 사용할 수 있는 직불 애플리케이션, 심지어는 개인의 DNA 정보를 바탕으로 앞으로 어떤 병에 걸릴 가능성이 있는지도 확인해준다. 이렇게 수집된 다양한 빅데이터들은 나날이 발전하는 인공지능 기술과 맞물리며 엄청난 자산과 가치로 바뀐다. 빅데이터를 새로운 도구로 활용하여 인공지능을 장착한 소수의 디지털 기업은 부와 권력뿐 아니라 신과 같은 강력한 힘을 갖게 될 수도 있다. 단지 미래의 지배 계급이 아니라 그동안 호모사피엔스가 이룩했던 문명과 삶의 방식을 통째로 바꾸어버리는 창조적 파괴자가 될 수도 있는 것이다. 이들은 세상의 거대한 흐름을 빅데이터와 인공지능이라는 마법의 구슬로 들여다볼 수 있게 되었다.

대한민국에 찾아온 마지막 기회

대한민국은 1945년 광복 이래 분단과 동족상잔의 비극을 겪어야 했다. 특히 끔찍한 전쟁을 몸소 경험한 우리 국민들은 이념으로 인해 수많은 갈등과 상처를 품고 살아왔다. 이 상처가 미처 치유되기도 전에 수차례 군사 독재 정권을 거치며 경제적으로 압축 성장을 거듭해왔다. 지금은 이미 사회적으로 은퇴의 시기를 맞고 있는 60대 이상 노년층들의 희생과 수고가 있었기에 오늘날의 대한민국이 있다고 생각한다. 그러나 짧은 기간 안에 이루어낸 압축 성장의 부작용은 여실히 드러났다.

첫째는 대기업 위주의 경제 정책으로 인한 재벌의 탄생과 정경유착이다. 대한민국 사회에서 재벌 같은 부자는 대체적으로 존경을 받지 못한다. 정부와의 검은 뒷거래를 바탕으로 부를 축적했을 거라는 의심 때문이다. 실상 대한민국의 경제 성장을 이끈 여러 대기업 총수와 다수의 기업가들은 별별 스캔들로 옥고를 치렀다. 가족 소유 구조의 재벌 문제는 더욱 심각하다. 불법으로 경영권을 승계하느라 수많은 투자자와 주주들에게 손해를 입혔고 기형적인 소유구조를 만들었기 때문이다. 심지어는 나라의 주요 권력 체계인 행정부, 사법부와 검찰, 입법의 역할을 하는 국회의원들이 오히려 재벌의 눈치를 보며 그들에게 유리하게끔 권력을 행사하는 일이 비일비재하다. 짧은 시간 안에 급격한 경제 성장을 이루면서 권력이 각계각층에 골고루 분산되지 못하고 한 곳에 집중되어 생긴 문제다.

더욱 심각한 문제는 이러한 과정이 고착화되어 계층 간의 이동이 막히고 사다리가 없어지는 점이다. 청년들이 너도나도 공무원 시험을 준비하고 결혼을 포기하는 것은 그들의 잘못이 아니라 그럴 수밖에 없는 사회를 만든 기성세대의 잘못이다. 청년들이 눈이 높고 배가 불러서 그런 것이 아니다. 현실에서 살아남기 위해 보이는 방법이 그것뿐이기 때문이다.

이대로 가다가는 대한민국이 붕괴될 수도 있다는 위기감이 든다. 대한민국은 이미 1명대도 붕괴된 최저 출산율 국가이고 1인당 자살률은 OECD 국가 중 제일 높아 국민의 20%가 자살 충동을 느낀다고 한다. 게다가 초고령사회 진입을 눈앞에 두고 있다. 젊음과 삶을 희생하며 초고속 성장과 산업화를 이끌어온 노년층의 빈곤 문제를 이제 사회 전체가 책임져야 하는데, 기성세대를 포함하여 노동력이 있는 젊은 세대가 줄고 있다. '헬조선'보다 무서운 것은 '無조선'이다. 이대로 가다간 채

200년도 되지 않아 대한민국은 아예 사라질 수도 있다.

우리나라 주변의 상황은 어떠한가? 중국은 제조업 인프라와 거대한 시장, 자본을 바탕으로 굴기를 준비 중이다. 미국은 모처럼 찾아온 골디락스 호황을 놓치지 않기 위해 끊임없이 중국을 견제하고 경제적 우위를 지키려 한다. 중국과 미국의 눈치를 보며 한국의 대기업들은 글로벌 경쟁에서 살아남기 위해 고군분투하고 있다.

살아남기 위한 필수 불가결한 선택인지 아니면 더 이익을 내기 위한 전략인지는 모르겠지만 이미 제조업 분야의 투자는 주로 외국에서 이루어진다. 중국, 베트남, 말레이시아 등 노동력이 더 저렴한 곳에 새로운 생산 공장을 세우고 현지 인력을 채용하고 있다. 제조업의 해외 진출은 단기적으로 수익을 올리지만 장기적으로 부메랑 효과를 갖는다. 그렇게 투자된 자본은 사실상 외국에 일자리와 부가가치를 만들며 자연스럽게 기술과 제조 노하우가 넘어가게 된다. 단기적으로 창출된 이익은 화려한 기업 실적으로 포장되지만, 국내에서는 또 다른 부의 재분배 문제를 일으킬 뿐이다.

지금 우리나라는 마치 사면초가, 내우외환, 침몰하는 타이타닉 호와 같다. 엎친 데 덮친 격으로 엄청난 쓰나미가 몰려오고 있다. 4차 산업혁명이다. 인공지능, 빅데이터, 로보틱스 같은 정보 지능 기술의 발전에 따라 심각한 직업의 변화가 발생하고 기술 발전으로 인해 부와 기회의 격차는 더욱 심각해질 전망이다. 이전의 문제가 국내의 문제였다면, 앞으로의 문제는 기술이 발전할수록 국가 간 혹은 글로벌 기업 간의 문

제로 비화될 가능성이 높다. 승자독식의 산업 간의 경쟁이 될 가능성이
높기 때문이다.

그렇다면 대한민국에는 전혀 희망이 없는 걸까? 그냥 다 포기하고 이
대로 살아야 할까? 차라리 지금이라도 '헬조선'을 탈출하기 위해 각자
도생해야 하는 걸까? 우리는 그 희망을 '블록체인'에서 찾고 싶었다. 중
국은 제조업을 기반으로 폭발적인 경제 성장을 이뤘지만 기본적으로는
모든 권력이 당에 집중된 사회주의 국가이다. 따라서 블록체인이 가져
올 변화인 분산, 공유, 참여를 두려워한다. 중국이 ICO를 적극 금지하
고 거래소를 폐쇄한 이유는 정치적으로 당의 권력을 누구와도 나눌 수
없기 때문이다. IT 기술로 눈부시게 발전했지만 중국이 제2의 도약을
하기 어려운 이유가 바로 사회주의 체제이다. 투명성과 신뢰성 그리고
분산과 공유를 생명으로 하는 블록체인의 철학과 상충될 수밖에 없다.

첨단 ICT 기술로 늘 새로운 분야를 개척하는 데 앞서 나가는 미국은
어떨까? 2차 대전 이후로 미국은 이민 정책으로 다양한 고급 인력들을
흡수하여 자유민주주의라는 개방된 사회 체제를 바탕으로 눈부신 정
치, 경제, 기술 발전을 이뤘다. 또 강력한 군사력과 중동 지역에 대한
영향력을 바탕으로 미 달러를 세계 기축 통화로 유지하며 글로벌 영향
력을 강화했다. 이런 미국이 유달리 주춤하는 분야가 바로 블록체인이
다. 왜 그럴까?

미국 나스닥 시장을 이끄는 'FAANG(페이스북, 애플, 아마존, 넷플릭스, 구글)'
은 이미 상당한 빅데이터를 보유한 글로벌 기업이다. 이들이 무엇보다

인공지능 개발에 열을 올리는 이유이기도 하다. 그런데 블록체인이 본격적으로 자리 잡으면 FAANG은 더 이상 데이터를 독점할 수 없고 그러면 그들의 독보적인 우위도 사라지기 때문이다. 물론 미국에도 다양한 블록체인 스타트업이 생겨나고 있고, 블록체인 기술을 기업 솔루션에 이용하기 위해 IBM 같은 회사들이 적극적으로 움직이고 있다. 그러나 FAANG을 위시한 글로벌 미국 기업들이 보유한 기득권을 내려놓고 다 같은 출발선 상에서 새롭게 시작하기란 쉽지 않다. 그들은 이미 기업 공개를 했고 정기적으로 주주들에게 실적을 공개해야 하는 부담이 있기 때문이다.

최근 페이스북이 블록체인을 본격적으로 검토한다는 소문도 들리고, 구글의 딥마인드는 사용자 의료 정보 사용 과정을 투명하게 관리하기 위해 블록체인 도입을 고려한다는 소식도 있다. 그러나 이들이 이전부터 진행해왔던 핵심 사업들을 모두 블록체인으로 바꾸긴 쉽지 않다. 그러기엔 블록체인 기술의 완성도가 높지 않고, 이런 변화에 따른 불확성을 감당하기엔 리스크가 너무 크기 때문이다.

블록체인은 아직 걸음마 단계이며 2부 능선에 있는 수준이다. '아, 신기하게도 이게 진짜 되는구나' 정도이다. 본격적으로 자리 잡고 이미 주도권을 쥔 중앙 집중 방식의 기술을 대치하려면 적어도 5년에서 10년은 걸릴 것이다. 뒤집어 생각하면 아직 우리에게 기회가 있다는 뜻이다. 중국이 사회주의 체제로 주춤하고 미국이 기득권 때문에 고민할 때, 대한민국은 블록체인 기술을 적극 활용하여 주도권을 쥘 수 있다.

아울러 블록체인이 갖는 기술의 속성과 철학을 고려하면 우리가 현재 처한 다양한 문제들을 해결할 수 있는 훌륭한 기회일 수 있다.

경제가 성장하면서도 창출된 부가 한 곳에 집중되지 않으려면 두 가지가 꼭 필요하다. 하나는 대기업 같은 소수의 기업이 많은 이익을 만들기보다는 작지만 튼튼한 중견 기업 다수가 이익을 올리는 구조이다. 이는 산업적 취약성을 감소시키고 더 큰 부의 재분배 효과를 가지며 일자리 창출도 긍정적이다. 역설적이게도 기업들은 생산성, 즉 같은 매출과 이익이라도 더 적은 숫자의 직원들을 목표로 할 수밖에 없다. 따라서 일자리를 더 만들려면 매출만 늘어나는 것이 아니라 기업들이 끊임없이 새로운 먹을거리를 찾아 분야를 확장해야 하고 이전에 없던 시장을 만들어야 한다. 우리나라 대기업들이 이런 역할을 감당해야 한다는 의견이 많지만 이미 시장과 기술, 자본을 갖춘 기업일수록 새로운 변화와 혁신을 함부로 시도하기 어렵다. 자칫 실수라도 하면 이미 선점한 시장과 기득권을 놓치고, 신규 사업 추진을 담당했던 임원들은 그 책임을 지고 자리에서 물러나야 하기 때문이다.

블록체인이 가져올 거대한 변화를 감안한다면 덩치가 작고 민첩한 중견 기업들이나 스타트업이 오히려 적격이다. 시장 변화에 민첩하게 대응할 수 있고 잠복기에 있는 작은 규모의 시장에 쉽게 침투할 수 있기 때문이다.

다른 하나는 부의 재분배 과정을 공정하고 투명하게 만드는 것이다. 사장은 왜 직원보다 20배나 많은 급여를 받아야 할까? 임원들은 스톡

옵션이나 주식을 받지만 일반 직원들은 왜 그런 혜택을 받지 못하는 것일까? 이런 금기조차도 블록체인이 도입되면 질문할 수 있다. 회사 구성원들의 역할과 비중을 객관적으로 살피고 그 성과를 평가할 수 있기 때문이다.

블록체인은 4차 산업혁명의 주요 기술이면서도 다른 산업의 기술과 융합되어 전혀 예상치 못했던 결과를 만들 수 있는 기하급수 기술이다. 운영비, 비즈니스모델, 오라클 문제 등 해결해야 할 문제들이 여전히 산적해 있지만 금융, 물류, 의료, 보험, 부동산, 지적 재산권, 디지털콘텐츠, 공공 부문, 정부 정책 등 도전할 분야는 매우 다양하다. 그나마 최근 정부가 2022년까지 블록체인 전문인력을 1만명 키우겠다는 계획을 발표한 것은 다행이라고 생각한다. 전문인력 양성으로 끝낼 것이 아니라 궁극적으로 비즈니스 생태계를 만들어 패기로 무장한 청년들과 실무 경험을 갖춘 직장인들이 다시 꿈을 꿀 수 있도록 해야 한다. 이들에게 '창업가 정신'을 불어넣고 서로 소통하고 교류하면서 벤처캐피탈, 크라우드펀딩, ICO를 통해 사업 자본을 마련할 수 있도록 실질적인 구심점을 만드는 것이 매우 중요하다. 기술 자체는 도구에 불과하고 블록체인이라는 기술에 어떤 가치를 담아 현실의 문제를 어떻게 풀어나갈지 가 중요하기 때문이다.

또한 ICO 과정에 대한 법적 절차를 하루 빨리 정비하여 투자자들을 보호하면서도 혁신적인 아이디어와 실행력을 갖춘 스타트업들이 시장에 쉽게 진입할 수 있도록 장벽을 낮추어야 한다. 현재의 잘못된 ICO

관행을 바로잡으려면 정부의 더 적극적인 관리와 철저한 심사가 불가피하다. 투자자 보호와 스타트업 육성이라는 두 마리 토끼를 잡기 위해 무엇보다 관련 부처가 구체적인 사례를 조사하고 의미 있는 정책으로 도출해야 한다. 아울러 블록체인 기술을 바탕으로 대한민국에 올바른 변화와 혁신의 선순환을 불러일으킬 수 있다는 수많은 실제 사례들이 나타나고 그런 기업은 적극 육성되어야 한다. 그러나 이 모든 역할을 정부에만 요구할 수도 없는 것이 현실이다. 정부와 관계부처는 기술과 시장 변화에 맞는 공정한 기준을 제시하고 기업과 시장이 올바르게 갈 수 있도록 방향만 제시하면 된다. 두바이 정부처럼 시범 사업을 적극 추진하면서 블록체인 기반 기술의 표준과 구체적인 사례를 제시할 수 있다면 이러한 변화는 더욱 가속화될 것이다.

우리는 촛불 민심을 통해 진정한 권력은 국민으로부터 나온다는 것을 확인할 수 있었다. 투명하고 신뢰할 수 있는 성숙한 시민 사회를 이루려면 권력은 분산되어야 하고 국가 자원은 국민을 위해 올바르게 사용되어야 한다는 것을 알았다. 이런 소중한 경험은 단순히 정치적 과정으로 끝나서는 안 되며 경제적, 사회적 인프라로 선순환되어야 한다. 미래를 향한 기로에 서 있는 대한민국은 매우 절박한 상황이다. 그러나 이런 절박함과 간절함을 바탕으로 우리는 오히려 집중력을 발휘하는 소중한 기회가 될 수 있음을 믿는다.

교육 그리고 호모소키우스

영화 '글래디에이터'는 로마 시대 검투사들의 이야기를 다뤘다. 로마 시민들은 목숨을 걸고 싸우는 검투사들의 잔혹한 경기에 열광했다. 높은 수준의 정치, 문화, 예술을 갖추었던 로마가 어떻게 남녀노소할 것 없이 그토록 잔인한 경기를 즐겼는지 의아하지 않을 수 없다. 당시 검투사들은 오늘날의 스타처럼 대중의 큰 인기를 받았다고 한다. 사람을 잔인하게 죽이는 것에 열광하다니 인간이 그토록 잔인하고 미개했나 싶다. 로마는 왜 이토록 잔인한 경기를 즐기게 되었을까?

공화정으로 시작했던 로마는 해외 정복 전쟁을 통해 제국으로 발전했고 정복한 나라에서 잡아온 노예들이 대거 유입되었다. 전쟁으로 얻은 막대한 전리품과 부는 소수의 귀족층에게 집중되었고 노동은 잡혀온 노예들의 몫이었다. 노예들은 로마 중산층의 일자리를 잠식해 나갔다.

노예에게 일자리를 빼앗긴 중산층의 폭동을 우려한 로마 정권은 일자리를 잃은 중산층에게 기본적인 먹을거리를 제공했다. 오늘날 국가에서 지원하는 기초생활비 지원의 시초와 같다. 국가의 지원을 받으며 생활하게 된 몰락한 중산층은 콜로세움에서 벌어지는 검투사들의 경기를 구경하며 무료함을 달랬고 무료로 대중목욕탕을 이용하며 시간을 보냈다. 지루한 대중은 점점 더 자극적인 경기를 원하게 되었고 그렇게 몰락한 중산층은 로마 패망의 한 원인이 되었다.

지난 300년 동안, 자본주의는 몇 차례의 산업혁명을 통해 비약적으로 발전해왔다. 1차 산업혁명은 18세기 중반 영국에서 증기기관으로 시작되었는데 인쇄술이 발달하면서 커뮤니케이션에 혁신을 가져왔다. 이로 인해 봉건제도가 붕괴되고 자본주의가 본격적으로 시작되었다. 이후 19세기말 발명된 전기와 전화, 자동차가 2차 산업혁명을 일으키며 세계 경제를 지배했다. 20세기 컴퓨터와 인터넷 발명을 일컫는 3차 산업혁명은 글로벌 경제체제를 확립했다. 그리고 이제는 4차 산업혁명이 화두가 되고 있다.

4차 산업혁명은 모든 기기와 사람을 연결하는 사물 인터넷의 활성화를 포함하여 인공지능, 나노기술, 로봇공학, 3D 프린팅, 자율주행자동차 등 다양한 분야에서 이루어지는 획기적인 기술 혁신을 일컫는다. 한마디로 '지능 정보 기술의 혁명'인데 특히 인공지능과 관련된 산업이 주도할 것으로 전망된다.

4차 산업혁명으로 가장 우려되는 것은 수많은 일자리가 사라지리라는 점이다. 인공지능과 이를 탑재한 로봇이 인간의 일자리를 대거 대체할 것으로 예상된다. 2016년 4차 산업혁명을 주제로 열린 제46차 세계경제 다보스포럼에서는 인공지능, 로봇공학, 사물 인터넷, 자율주행자동차, 3D프린팅, 바이오기술 등으로 2020년까지 전 세계에서 510만개의 일자리가 사라질 것으로 전망했다. 제러미 리프킨이 극적으로 표현했던 '노동의 종말'이 가시화되고 있다.

노동의 종말은 어떤 면에서 현대 자본주의의 종말을 뜻한다. 자본주의는 신기술과 대중이 직업을 통해 얻는 소득을 기반으로 성장했기 때문이다. 여러 차례의 산업혁명을 통해 다양한 기술과 일자리가 형성되었고 대중은 그 덕분에 소득을 얻어 경제 성장이 가능했다. 그런 일자리들이 있었기에 다들 지방에서 상경하여 공장노동자로, 기술자로, 사무직으로 취직할 수 있었던 것이다. 그런데 직업이 사라져서 사람들이 일자리를 잃고 더는 소득을 얻지 못하면 빈곤층으로 전락하고, 그들의 소득으로 유지되는 자본주의는 종말을 맞게 된다.

인공지능이라는 신기술의 등장으로 직업과 소득이 분리되는 시대가 오고 있다. 인공지능과 로봇에게 '직업'은 있지만 '소득'은 없기 때문이다. 정부에서 인공지능과 로봇이 창출해내는 부가가치를 바탕으로 기업에게 별도의 세금을 부과하는 방법을 고려할 수도 있다. 이러한 '인공지능-로봇 세금'을 바탕으로 일자리를 잃은 사람들은 생계유지를 위해 정부로부터 기본 소득을 지급받게 될 것이다. 중산층의 일자리를 인공지능과 로봇에게 맡겨버리고 중산층의 소득을 빼앗은 소수의 자본가들이 부를 독점하는 시대, 글래디에이터가 활약하던 로마 시대와 오버랩되지 않는가? 인공지능과 로봇은 현대판 노예인 셈이다. 그것도 전혀 피곤함을 느끼지 않으며 똑똑하고 무슨 일이든 척척 해내는 노예. 호모사피엔스가 만들어낸 가장 혁신적인 도구, 돈과 신용을 기반으로 하는 '자본주의'는 그들 스스로 만들어낸 또 하나의 혁신적인 도구, 인공지능에 의해 '창조적 파괴'를 당할 수도 있다.

이런 시대적 흐름에서 우리가 '교육'에 주목한 이유는 직업과 소득이 분리되는 머지않은 미래에 '개인의 삶은 과연 무엇을 위한 것인가?'라는 질문에서 시작한다. 앞으로는 소득과 직업을 위한 수단으로서의 교육이 아니라 함께 살아가는 공동체와 사회에 기여하는 교육이 되어야 한다고 믿는다. 돈과 무관하게 더 나은 사람이 되기 위한 방법으로 교육이 활용되어야 하고, 나아가 좀 더 살기 좋은 세상을 위해 각자 기여할 수 있는 교육이 필요하다. 교육 격차로 인해 더는 부의 불평등이 발생해서는 안 되고, 교육이 부의 대물림 수단으로 변질되는 것을 막아야 한다는 신념이다. 앞으로 20~30년 후에 기본 소득이 제공되는 시대가 오면 대부분 사람이 프리랜서의 형태로 일하고 하루에 3~4시간만 일하는 시대가 올 것이다. 삶의 질을 향상하고 개인의 행복감을 증대시키는 인프라가 시급하다. 개인의 '행복'에는 돈으로 살 수 없는 소중한 가치가 있기 때문이다.

미국의 스탠포드, 하버드, MIT 같은 유명 사립대학들은 4차 산업혁명이 가져올 엄청난 변화를 이미 감지하고 교육과 학습법을 혁신적으로 바꾸고 있다. 교수가 학생에게 과거의 지식을 일방적으로 전달하는 형태에서 벗어나 학생 스스로 학습하는 방법을 배우는 과정으로 바뀌고 있는 것이다.

이런 새로운 방식에서 교수들은 멘토나 자문의 역할을 할 뿐이다. 학생들 스스로 해결해야 할 문제를 정의하고, 팀을 만들어 다양한 기본 지식들을 조사하며 새로운 아이디어를 적극적으로 찾기 위해 브레인스토밍 토론을 한다. 주요 아이디어를 추린 뒤 과연 진짜 문제를 해결할 수 있을지 다양한 가설을 세우고 이를 확인하기 위한 구체적인 실험을 진행한다. 프로젝트 진행 중에 막히는 부분이 생기면 교수에게 자문을 구하기도 하고 추가 조사 및 학습을 실시한다. 이러한 일련의 과정을 통해 생생한 경험과 다양한 사고를 거치면서 추상적인 지식을 실생활의 문제를 해결하기 위한 살아 있는 지혜로 만들어간다. 무엇보다 함께 일하는 팀워크의 중요성을 몸소 깨닫게 되고, 팀원들과 협력하는 집단지성의 가치를 프로젝트 수행 과정에서 자연스럽게 배울 수 있다.

블록체인 기술이 교육과 맞물리면 어떤 변화를 창출할 수 있을까? 블록체인은 일단 생성된 기록이 변경되거나 조작이 불가능하며 필요에 따라 투명하게 공유된다. 향후 일자리 시장이 프리랜서나 크라우드소싱처럼 유연한 형태로 바뀌면 개인의 역량을 객관적으로 파악하는 일이 매우 중요해진다. 또한 개인들은 한 개의 직업만 갖는 것이 아니라 다양한 직무 능력을 바탕으로 여러 개의 직업을 갖게 된다. 기존의 이력서나 인맥을 바탕으로 한 일자리 추천 방식으로는 이런 변화를 감당할 수 없다.

아울러 누구든지 다른 종류의 직무 능력을 끊임없이 배우고 훈련하는 기회가 필요하다. 개인의 업무 능력, 학습 이력, 프로젝트 성과, 협업 태도 같은 주요 사항을 위변조가 불가능하게 블록체인으로 기록하고 이를 바탕으로 일시적으로 발생하는 수많은 프로젝트와 연계한다면 일자리 시장의 규모를 키우고 유연하게 운영할 수 있다. 또한 업무 분야별로 개인이 스스로 학습하고 실험 프로젝트를 통해 연습할 수 있다면 이러한 시스템은 그들에게 새로운 분야에 도전할 수 있는 기회를 제공할 것이다. 학습에 필요한 디지털 콘텐츠는 블록체인 기술을 통해 제작자와 사용자를 직접 연결하고 프로젝트 중심의 훈련 과정을 통해 각자의 기여도와 업무 능력을 블록체인으로 기록할 수 있다. 이러한 형태의 변화는 단지 직업적 유연성만 키울 뿐 아니라 개인 간의 P2P 교육을 가능하게 하고, 별도의 중앙 관리 조직이 없는 탈중앙화된 회사나 단체를 상상하게 한다. 기능별 역할이 명확한 조직이 의사 결정 과정이 블록체인을 기반으로 구현된다면 조직 내의 교육 이력과 프로젝트 수행 결과를 바탕으로 수평적인 조직의 새로운 회사들이 탄생될 수도 있다.

필자들이 만든 신조어 '호모 소키우스(Homo Socius)'에서 호모는 '사람'을, 소키우스는 '공유, 참여, 참가, 연합'을 뜻한다. '소사이어티(Society)'의 어원인 소키우스는 그리스의 폴리스처럼 다양한 개인이 한데 모인 공동체다. 사회학적인 관점에서 공통의 관심, 공통의 이익, 공통의 목표 또는 공통의 특징을 공유한다는 의미가 있다. '호모 소키우스'는 4차 산업혁명이 가져올 폐해를 극복하기 위해 블록체인 기술을 바탕으로 데이터 권력을 분산하고 균등한 기회를 공유하며 새로운 가치를 창조하는 사람들이다. 이들은 공생의 가치를 소중히 여기며 신뢰도가 높은 사회를 구성하여 사회 경제 구조를 재설계한다.

블록체인 기반 교육 혁신은 4차 산업혁명이 가져올 자본의 집중화, 데이터 권력으로 인한 기회의 격차 그리고 직업이 사라지는 문제를 보완할 수 있다. 끊임없이 스스로 학습하는 기회를 제공하고 이를 통해 개인 본연의 가치를 유지할 수 있게 하기 때문이다. 무엇보다 가장 바람직한 점은 직업과 무관하게 순수한 학습을 통해 진정한 기쁨을 경험하고 '자아실현'이라는 최고의 욕구 단계에 도달할 수 있게 한다는 점이다. 아울러 학습을 통해 창출된 개인의 가치는 나아가 '공유와 신뢰'라는 사회적 가치와 맞물리면서 함께 좀 더 좋은 세상을 만들어가는 성숙한 디지털 사회를 만드는 기반이 된다. 이것이 바로 우리가 꿈꾸는 '호모 소키우스(Homo Socius)'다.

상상력과 신뢰가 만드는 가치 공유의 시대

2028년 시우는 컴퓨터 공학을 전공하고 MBA 과정을 밟고 있다. 마치는 대로 친한 과선배가 창업한 회사에 참여할 생각이다. 탄소배출권에 기반한 투자회사를 창업한 선배는 블록체인 기술을 이용, 개인의 일일 탄소배출량을 추적하는 디앱인 카본제로(Carbon Zero)를 개발했다. 프로젝트 초창기에 시우는 개인의 탄소배출량을 추적할 수 있는 코드를 개발했고, 선배는 이를 바탕으로 투자자금을 모을 수 있었다. 개인의 탄소배출권 추적 및 절감 비용은 토큰을 통해 본격적으로 기업용 탄소배출권과 연동되면 또 하나의 커다란 투자 시장을 만들 수 있으리라는 선배의 조언에 따라, 시우는 MBA에서 더 다양한 경영사례들을 배우기로 결정했다.

MBA 수업은 매우 흥미롭다. 교수가 강의하는 것이 아니라 거대한 문제를 해결하기 위한 프로젝트 방식으로 운영된다. 프로젝트 진행 과정은 블록체인 기술로 운영되며 누가 어떤 아이디어를 냈고, 다양한 가정들이 어떤 형태로 검증되었는지 스마트 컨트랙트를 통해 기여도가 기록된다. 현실 세계의 다양한 문제점을 조사하는 과정도 인공지능을 활용해 쉽게 찾을 수 있다. 프로젝트에 참여하는 팀원들과 수시로 화상 회의 및 채팅을 통해 의견을 나누고 토론하는데, 블록체인으로 기록이 남으니 자동적으로 지도 교수에 의해 평가된다. 지도 교수는 나날이 성장하는 반려동물의 사회 문제에 대한 해결법을 찾는 프로젝트를 구상했는데, 시우는 팀원들과 꼭 입상하여 MBA 졸업과 동시에 회사를 설립할 계획이다. 사장과 임원이 없고 철저하게 기능별로 구성된 수평 조직 스타트업이다. 각자의 기여도에 맞게 저절로 블록체인을 통해 성과 평가가 이루어지고, 발생 수익은 미리 합의한 내용에 맞게 배분되며 일부는 반려동물 커뮤니티에 기부할 예정이다. 커뮤니티 블로그도 블록체인 기반 SNS으로 운영되며 시우는 좋은 아이디어를 찾기 위해 자주 커뮤니티를 방문한다. 약 10년 동안 캣맘과 투게독으로 활동했던 멘토를 만나게 해준 것도 이 커뮤니티였기 때문이다.

불과 20여년 전에 등장했던 블록체인 기술이 세상을 엄청나게 바꾸어놓았음을 시우는 깨닫는다. 5년 전부터 도입된 블록체인 전자투표 시스템 덕분에 주요 선거들이 매년 진행되며 정치인들의 공약 이행 여부가 투명하게 조회된다. 예전처럼 공약을 남발했다가는 정치 생명이 끝나는 세상이 되었다. 선거 과정에서 필요한 정치자금은 암호화폐로

만 운영되기 때문에 누가 어디에 얼마를 사용했는지도 투명하게 확인할 수 있다. 정부의 새로운 정책들도 아이디어 단계부터 블록체인을 통해 의견이 수렴되고 타당성에 대한 전문가들의 의견은 삭제 불가능한 기록으로 남는다. 실생활에서는 지역 사회 및 회사들이 발행한 민간 암호 화폐가 운영되고, 세금 납부 및 국가 경제의 유기적인 연결을 위해 국가 발행 암호 화폐도 함께 사용된다.

시우는 이미 은퇴하신 부모님이 이번 겨울에 휴양차 방문할 두바이의 전자 여권 시스템을 조회한다. 디지털 여권 고유 주소를 입력하는 것만으로 사전 등록은 간단히 끝난다. 부모님의 첫 방문이라 약간 걱정했던 시우는 두바이의 방문 시스템에 다시금 놀란다. 부모님의 스마트워치에 사전 승인 심사 서류를 넣어드리고, 여행 중 사용할 암호화폐도 전송한다. 부모님의 이동 과정을 추적해주는 블록체인 서비스를 별도로 신청했으니 마음 편히 팀원들과 프로젝트를 진행할 수 있을 것 같다.

한때 독점 금지법으로 고생했던 다양한 글로벌 IT 기업들도 블록체인 기술을 적극 도입한 덕분에 데이터는 더는 한 곳에 쌓이지 않고, 은밀한 개인정보만 암호화되어 누구나 조회할 수 있는 형태가 되었다. 이렇게 누구나 사용할 수 있는 빅데이터를 바탕으로 새로운 비즈니스들이 끊임없이 생겨나고 있다. 인공지능과 결합된 예방 범죄 시스템 덕분에 더 안전한 사회가 되었고, 이미 상용화된 자율주행차 기술 덕에 교통사고는 획기적으로 줄었다. 작년에 방문했던 스마트시티는 블록체인 기술 덕분에 사회적 인프라로 바뀌어 수많은 관광객을 유치하고 있다.

불필요한 사회 자원의 낭비를 막고 이렇게 절감된 비용은 개인에게 돌려줄 뿐만 아니라 지속적인 업그레이드를 위한 투자 자금으로 활용되고 새로운 암호화폐로 재탄생된다. 시우는 시험 삼아 여기 투자했고 1년치 MBA 과정 등록금을 벌 수 있었다.

불과 10년 전이었던 2018년 1.05라는 최저출생률을 기록했던 대한민국은 이제 수많은 외국인들이 가장 이민 오고 싶어 하는 나라가 되었다. 디지털 여권 및 블록체인 이민 시스템 덕분에 외국인이 쉽게 귀화할 수 있고, 다양한 블록체인 인프라를 바탕으로 수많은 새로운 비즈니스와 일자리들이 나타났기 때문이다. 또한 블록체인 기반 사회적 인프라 덕분에 누구나 공정한 기회를 얻고 미래를 걱정하지 않아도 되는 살기 좋은 나라가 되었다. 다양한 한류 콘텐츠는 여전히 전세계의 열성팬을 만드는 문화 DNA로 자리 잡은 지 오래다. 한류 콘텐츠들은 블록체인 오픈 플랫폼 덕분에 전세계로 유통되며 중간 유통이 사라져 수익은 콘텐츠 작가 및 제작자 그리고 팀원들에게 공평하게 분배된다. 이로 인해 다양한 한류 콘텐츠는 이미 황금알을 낳은 수익 모델로 자리 잡았고, 새로운 형태의 맞춤형 콘텐츠까지 등장하고 있다.

시우는 앞으로의 미래를 생각하며 흐뭇한 미소를 짓는다. 전문가들의 우려와는 달리 2028년 대한민국은 블록체인을 세계 최초로 실용화한 나라가 되어 분산, 공유, 참여, 신뢰의 아이콘이 되었기 때문이다. 그는 나지막이 홀로 중얼거린다.

'만약 2009년 나카모토 사토시가 소스코드를 공개하지 않고 자신만을 위한 비트코인을 만들었다면 이 세상은 어떻게 되었을까? 그리고 2015년 비탈릭 부테린이 스마트 컨트랙트라는 기능에 특허를 걸어서 누구도 사용하지 못하게 했다면? 아마도 또 다른 세상이 되었을지도 모를 일이다. 블록체인의 본질은 바로 상상력과 가치 그리고 바로 누구나 참여할 수 있는 신뢰를 만들어내는 마법이 아닐까….'

　20여 년을 엔지니어로 살면서 느낀 한 가지가 있다. 세상을 바꾸는 중심에는 항상 새로운 기술이 있지만, 모든 새로운 기술이 성공하지는 못한다는 점이다. 화려하고 우수한 기술이 예상과 달리 비참한 실패로 끝나는 경우도 종종 보았다. 신기술이 성공하려면 반드시 실질적인 가치를 창출할 수 있어야 하고, 그러려면 기술 자체보다도 비즈니스 모델의 혁신이 더 중요하다는 사실을 뼈저리게 느꼈다. 포드가 자동차를 대량 생산할 수 있는 방식을 만들었지만 실제 자동차가 널리 보급된 진짜 계기는 비싼 자동차를 할부로 구입할 수 있는 새로운 금융 상품이 탄생했기 때문이다.

　지금 글로벌 기술 제국을 호령하는 ICT 기업들은 혹독한 환멸의 구렁텅이를 거쳐 마침내 독자적인 비즈니스 모델을 일궜다. 남들이 IT 버블에 취해 샴페인을 터뜨릴 때 이들은 진정한 생존 전략과 비즈니스 가치를 준비했다. 필자는 15년간 실리콘밸리에서 운 좋게도 글로벌 ICT 기업의 성장을 직접 경험하고 지켜보았다. 돌이켜보니 그 당시는 인공지능, 로보틱스, 빅데이터로 대표되는 4차 산업혁명이 본격적으로 펼쳐진 시기였던 것으로 생각한다.

하지만 이러한 비약적인 성장 이면에는 짙은 그늘이 있음을 절실히 느꼈다. 새로운 혁신 기술들은 늘 새로운 자본 투자를 필요로 하고 대중화에 성공한 혁신 기술들은 또다시 확장된 자본을 끌어온다. 기존의 자본이 새로운 자본을 만드는 구조인 셈이다. 역설적이게도 기술이 발전할수록 부의 불평등은 가속화할 수밖에 없는 형태다. 따라서 글로벌 ICT 기업의 울타리 안에서 일하는 직원들과 그렇지 못한 사람들의 기회의 격차는 더 벌어질 수밖에 없다. 사실 4차 산업혁명을 바라보면서 기대 반, 우려 반인 것은 사실이다. 초연결, 초지능화 기술의 비약적인 발전으로 더 풍요로워지고 더 살기 좋은 세상이 될 것이라는 전망도 있지만, 대부분의 일자리가 사라지고 직업과 소득이 분리되는 시대에 우리는 어떻게 살아야 하는지 불안도 크다. 무엇보다 기술이 발전할수록 소득과 기회의 격차가 더욱 벌어질 수밖에 없다는 사실이 우리를 암울하게 만든다.

필자는 원래 비트코인으로 대표되는 암호화폐에 매우 부정적인 견해를 가지고 있었다. 아무리 좋은 기술이 있더라도 그것을 사용하는 사람들이 욕심에 사로잡히면 불행한 결과가 나타나리라는 생각 때문이었다. 암호화폐에 대한 욕심과 투기 광풍을 보고 언젠가 심각한 거품이 붕괴될 거라는 우려를 가지고 있었다. 사실 암호화폐를 빙자한 스캠코인이나 쓰레기 코인들도 여전히 시장에 넘쳐난다. 하지만 이런 생각이 바뀐 계기가 있었다. 바로 암호화폐의 근간이 되는 블록체인 기술 때문이다. 블록체인이라는 기술의 속성과 추구하는 철학을 이해하고 나서야 비로소 생각이 바뀌었다. 인터넷 기술이 정보의 '민주화'라는 혁신을 일으켰다면 블록체인 기술은 정보의 '신뢰성'과 '투명성'을 제공할 것이라는 믿음 때문이다. 정보의 신뢰성과 투명성은 데이터에서 나오는 권력을 분산시킬 것이라고 생각한다.

'FAANG'이라고 불리는 페이스북, 애플, 아마존, 넷플릭스, 구글 같은 거대 ICT 기업들은 우리의 상상을 뛰어넘는 수준의 빅데이터를 보유하고 있다. 이들은 마음만 먹으면 개인의 사생활뿐 아니라 사용자들이 어떤 사람이고 앞으로 어떤 행동을 할지도 예측할 수 있다. 이른바 빅데이터를 바탕으로 한 강력한 권력이 등장한 것이다. 신기술이 특정 자본에 종속되지 않으려면, 빅데이터로 인한 권력 집중을 막기 위해서는 '블록체인'이 유일한 희망이라고 생각한다. 아울러 블록체인은 4차 산업혁명의 '화룡점정'을 이루기 위한 마지막 연결고리이다. 인공지능을 사람에 비유하면 빅데이터라는 음식을 먹으면서 성장하고 자라난다. 블록체인은 음식이 상하지 않게 하는 냉장고 역할을 하며 특정 누군가가 음식을 장악하지 않도록 골고루 나누는 역할도 맡는다. '인공지능-빅데이터-블록체인'의 삼각편대는 4차 산업혁명이 올바른 방향으로 나아갈 수 있도록 할 것이다.

또 하나, 필자가 '교육'에 주목한 이유는 소득과 직업이 분리되는 시대에 개인 삶의 의미를 놓치지 않기 위해서다. 앞으로는 소득과 직업을 위한 교육이 아니라 커뮤니티와 소사이어티에 기여하는 교육이 되어야 한다. 돈과 무관하게 더 나은 사람이 되기 위한 방법으로 교육이 활용되어야 하고, 나아가 더 살기 좋은 세상을 위해 각자 기여할 수 있는 교육이 필요하다. 교육 격차로 인해 더는 부의 불평등이 발생해서는 안 되며, 교육이 부의 대물림 수단으로 변질되는 것을 막아야 한다. 20~30년 후 기본 소득이 제공되는 시대가 오면 대부분 사람이 프리랜서의 형태로, 하루 3~4시간만 일하게 될 것이다. 그래서 삶의 질을 향상하고 개인의 행복감을 증대시키는 인프라가 시급하다. '행복'에는 돈으로 살 수 없는 소중한 가치가 있기 때문이다. 4차 산업혁명이라는 태풍 속에서 미래를 준비하며 열심히 오늘을 살아가는 이들에게 새로운 기회를 제공하는 생태계가 절실하다. 이러한 철학을 공감하는 사람이라면 누구에게나 주어지는 공정한 새로운 기회, 부의 불평등과 교육의 격차를 줄일 수 있는 생태계 그리고 누구나 참여할 수 있고 그 가치를 누릴 수 있는 플랫폼을 만들 수 있다면 얼마나 좋을까 하는 꿈을 꾼다. 그리고 이러한 소중한 꿈을 꾸는 사람들이 대한민국에 더욱더 많아지기를 소망한다.

에필로그
이현준

   이 책의 원고를 거의 마무리하던 2018년 8월 20일, 늦게까지 원고작
업을 하다 잠에 들었던 필자는 밤새 검찰 수사를 받으며 곤경에 처하는
꿈에 시달렸다. 꿈에서도 노심초사하며 억울한 마음을 금할 길이 없어
신음하다가 겨우 잠에서 깼는데 꿈이라는 사실에 안도하면서도 씁쓸한
마음이 밀려왔다.

   필자에겐 어릴 때 아버지가 두 명이 있었다. 한 명은 낳아주신 생부
이고 또 한 명은 미국에서 우리 집에 후원금을 보내주는 세슬러 박사라
는 '양아버지'였다. 필자의 생부는 6.25때 세 살이었는데 피난길에 눈병
을 얻어 그대로 실명한 시각장애인이다. 가난한 시각장애인 가정에서
자란 필자는 당시 국민학교 입학 전부터 대학 들어갈 때까지 '세슬러 박
사'가 매달 보내주는 후원금으로 공부할 수 있었다. 예전에는 우리나라

가 가난해서 미국의 후원을 받았는데, 필자 가정이 장애인 집안이라 장애인 후원단체에서 미국의 후원자를 연결해줘 도움을 받을 수 있었다. 그래서 어릴 때 세슬러 박사를 '양아버지'라고 부르며 정기적으로 편지를 써야 했다. 1971년생인 필자는 1970년대와 80년대를 유년시절과 학창시절로 보냈다. 당시 우리나라는 그렇게 가난했고 '88서울 올림픽' 이후 어느 정도 경제 성장을 이루면서부터 미국의 후원은 공식적으로 끝났다. 필자는 그 마지막까지 후원을 받았던 사람 중 하나였다.

필자는 아버지가 안마 일을 하셔서 시각장애인 안마사들과 같이 살면서 공부했는데 필자의 어릴 때 꿈은 사업가가 되는 것이었다. 17살 때 미래의 회사 이름을 만들었는데 당시 필자의 이름인 '기엽'과 아버지의 출장안마원 이름인 '신신'을 붙여 '기엽신신'의 영문 이니셜을 따 'KYSS(카이스)'라고 지었다. 평생 나를 길러주신 시각장애인 아버지와 안마사들을 잊지 않겠다는 뜻을 담은 이름이었다. 그때부터 필자는 고무지우개로 직접 'KYSS' 도장을 파서 모든 책에 찍으며 사업가의 꿈을 키웠다. 대학에서 경영학을 전공한 후 삼성물산에서 첫 직장생활을 시작했고 2001년, 서른 한 살의 나이에 꿈에 그리던 창업을 해서 현재까지 18년째 사업가의 길을 걷고 있다.

우리는 수많은 일을 겪으면서 살았을 때 "다사다난했다" 혹은 "단 맛도 보고 쓴 맛도 봤다"고 말한다. 대한민국에서 사업가로 살면서 필자도 그야말로 단 맛 쓴 맛 다 보며 여기까지 왔다. 우리나라에서 물려받은 재산 없이 맨 손으로 창업한 사람들이라면 누구나 그러지 않았을까. 그동안 사업을 하면서 수많은 고난과 역경을 겪었지만 2011년, 운영하던 영어마을 사업체가 부도 나서 겪었던 고초는 이루 말할 수 없었다. 당시 사교육비 절감과 교육격차 해소라는 명분으로 공익형 영어교육센터 개념을 만들어 지자체와 여러 교회 등과 함께 전국에 10개의 교육센터를 운영했다. 꽤나 성공한 모델이었고 많은 언론의 주목도 받았다. 하지만 영어마을 건립을 공약으로 내세운 시장이 당선되어서 그 공약으로 건립된 영어마을은 이후 다음 지방선거에서 반대당의 다른 시장으로 바뀌자 하루아침에 예산이 반 토막 났고 시장을 등에 업은 반대당 시의원들의 조직적인 탄압이 이어졌다. 영어마을이 잘 되자 매출이 떨어진 학원들은 조직적으로 영어마을 반대에 나섰고 지역의 학원연합회 출신이 시의원이 되고 시장과 함께 영어마을 탄압의 선봉에 나선 것이다. 우리나라 지자체가 어떻게 움직이는지 그 속내를 속속히 들여다본 계기였으며 정치가 어떻게 산업과 기업을 무너뜨릴 수 있는지 처절하게 겪은 시간이었다.

설상가상으로 회사가 부도나자 당시 여러 금융기관들은 악의적으로 배임, 횡령, 사기 등의 혐의로 고소장을 냈다. 그중 주거래 은행이었던 지점장과 부지점장은 관리 책임을 벗어나기 위해 유명 로펌을 대리인으로 해서 필자를 사기죄로 고소했다. 은행 지점장은 한걸음 더 나아가 자기랑 고향친구인 부장검사에게 기소 청탁을 해서 필자를 끝내 재판정에 세우기까지 했다. 배임, 횡령 등의 혐의는 애초부터 무혐의로 끝났으나 사기죄로 기소된 사건은 무려 2년 가까이 재판을 받으며 법정에서 싸운 끝에 최종적으로 무죄 판결을 받았다. 하지만 억울하게 검찰 조사를 받으며 재판을 받는 동안 필자가 겪었던 마음의 고통과 좌절감은 이루 말할 수 없었다.

필자가 이렇게 시각장애인 아버지 이야기며 회사 부도 이야기 등, 구구절절한 개인사를 늘어놓는 까닭은 1971년생으로 가난하게 원조를 받으며 사업가의 꿈을 키우며 살아온 삶이 그대로 우리나라의 현대사를 압축해 놓은 것 같다는 생각과 함께 2011년에 겪었던 사건은 우리나라 정치인들과 검찰, 사법부 그리고 금융기관이 힘없는 일반 서민들과 기업들에게 얼마나 가혹하고 무책임한지 보여준 것이기 때문이다.

그래서였을까. 오늘 꾼 꿈은 그동안 블록체인과 암호화폐에 대한 책을 쓰면서 또 그동안 피땀 흘려 만든 회사를 통해 암호화폐를 발행하고 글로벌 코인으로 성장시키기 위해 불철주야 노력하는 와중에도 마음 한켠에는 언제 검찰이 들이닥쳐 압수수색을 하고 이런 저런 혐의를 씌워 감옥에 처넣겠다며 엄포를 놓을 수 있다는 두려움이 있음을 보여준 듯하다. 그래서 꿈이라는 사실에 안도하면서도 씁쓸한 기분이 드는 것을 어쩔 수 없었다.

우리나라는 예부터 사농공상(士農工商)이라 하여 글 읽는 선비를 최고로 대우했고 다음이 농사꾼, 그 다음이 오늘날의 엔지니어인 장인(丈人), 맨 마지막이 상인(商人)으로 '장사하는 사람', 즉 오늘날의 사업가를 제일

천시했다. 이는 그대로 우리 국민들의 DNA가 되었다. 사업하는 사람 하면 언제나 사기꾼 같은 이미지나 피도 눈물도 없는 탐욕스런 인물이 거나 일부 재벌 2, 3세 들이 보여주는 추하고 비인간적인 면이 부각되는 게 사실이다. 이런 사회적 분위기, 우리나라 정치와 사법부 환경, 금융환경에서 그래도 좋은 사업가가 되어 나라를 부강하게 만드는 데 일조하겠다는 꿈을 갖고 살기란 영화나 드라마에서나 가능한 것일까?

지금껏 사업을 하면서 필자가 내린 결론은 '사업에도 다 때가 있고 운이 따라야 한다'는 것이다. 그리고 그 운이라는 건 결국 사람을 통해서 온다는 것을 깨달았다. 우리나라도 원하든 원하지 않든 블록체인 혁명의 소용돌이에 휩싸이게 되었다. 이것은 세계적인 추세이며 거스를 수 없는 인류의 진화이기에 선택의 여지가 없다. 이 혁명의 소용돌이에서 다시 한 번 세계인들에게 '원더풀 코리아' 소리를 듣는 중심국가로 도약할 것인가 아니면 이대로 주저앉고 말 것인가는 전적으로 우리나라의 운에 달렸다. 그리고 그 운은 반드시 사람을 통해서 만들어질 것을 알기에 그런 사람들이 우리나라의 각 분야에서 나타나게 되기를 간절히, 정말 아주 간절히 기도한다.

윤정우 (대한인베스트먼트 대표이사)
이 책의 감수 및 자문을 하고서

1999년, 우리나라에 닷컴투자열풍이 한창일 때 나는 장교로 군 생활을 마치고 삼성생명에 입사하여 직장생활을 한 지 3년째였다. 창업하기로 마음먹은 나는 무작정 다니던 직장을 그만두고 사업 준비에 매진했다. 그러던 중 주식 공모를 통해서 큰 자금을 유치한 벤처기업인의 기사를 보았다. 이제 막 사업을 시작하기로 마음먹은 내 눈에 그들은 영웅이었고 범접할 수 없는 비범한 인물들로 보여 부러운 마음을 금할 수 없었다. 그런데 이상한 점이 있었다. 그들 중 몇몇은 나도 아는 사람이었는데 나와 별 차이가 없는 사람들이었다. 문득 주식 공모가 뭔지 알아봐야겠다는 궁금증이 생겼다. 어떻게 해야 하는지 전혀 몰라서 통신망에서 관련기사를 검색했다. 주식 공모는 금감원이 주관기관이므로 금감원에 연락해야 한다고 나왔다. 나는 무작정 114에 전화해 금감원 전화번호를 묻고 금감원 담당자에게 전화해 공모를 어떻게 하면 되냐고 물어보았다. 그는 다소 황당해하는 눈치였지만 순순히 방법을 알려주며, 다른 회사가 제출했던 공모 자료를 열람하고 복사할 수 있으니 금감원에 오라고 했다. 그래서 직접 가서 다른 회사가 제출한 서류를 보니 의외로 어렵지 않았고 충분히 혼자 준비할 수 있는 정도였다. 한번 해볼 만하다는 생각이 들었다. 그래서 그날부터 내 회사의 주식 공모를 직접 해보기로 하고 업무에 착수하였다. 직접 몸으로 부딪히기 전에는 주식 공모는 대단한 전문가들만 하는 것이라고 생각했는데 막상 해보니 그렇지도 않았다. 특별한 사람들만 할 수 있는 것이 아니었다. 관련 자료는 다른 회사 제출본을 보고 따라할 수 있는 수준이었다. 누구나 작성할 수 있는 정도였고 어렵지 않게 공모 과정을 통과할 수 있었다.

처음 주식 공모를 진행하려던 시점에는 몇 천 만원 정도만 들어와도 성공이라고 생각했다. 그런데 실제 공모로 10억 원의 자금이 유치되었다. 사실 내가 맘만 크게 먹었다면 수백 억도 더 모을 수 있었던 상황이었다. 당시 우리나라는 이른바 '묻지마 투자'가 절정기였던 시기였다. 개포동 주공아파트 한 채값이 1억 원 정도였으니 주식 공모로 일반인들에게 모집한 10억 원은 실로 엄청난 금액이었다. 그 사건으로 나는 평범한 직장인에서 벤처사업가로 변신했다.

흔히 많은 사람들이 사업가는 뭔가 특별한 재주와 능력을 타고난 사람들이라고 생각한다. "그들은 뭔가 대단한 역량이 있어서 그런 일을 하지, 우리 같은 평범한 사람들이 어떻게 그들처럼 뭔가를 해내겠어?"라며 시도조차 하지 않는 이가 대부분이다. 그렇게 자신도 그런 일을 할 수 있다는 사실조차도 깨닫지 못한 채 평범한 회사원 생활에 만족하기도 한다. 나도 회사원일 때는 '에이, 내가 그런 걸 어떻게 해'라고 생각했지만 누군가 한 일이라면 나도 할 수 있다고 생각한 것, 그 생각의 변화가 나를 벤처사업가로 만들었다.

나는 그 이후로 19년째 공모대행업을 해왔다. 내가 만든 회사는 우리나라 최초의 공모대행업을 시작한 회사로 기록되며 여전히 건재하다. 공모대행일을 하며 수많은 성공한 사업가들을 만날 수 있었다. 그러면서 '그들도 능력상으로는 우리와 전혀 차이가 없고 단지 자신이 할 수 있다는 생각으로 용기를 낸 사람들일 뿐'이라는 것을 깨달았다. 사업하려는 꿈을 가진 사람은 그 기회가 오기를 꾸준히 기다리며 기회가 왔을 때 절대 놓치지 말고 낚아챌 마음의 준비를 하라. '내가 어떻게 해?' 하는 생각을 '나도 할 수 있다!'로 바꿔야만 당신도 블록체인 시대의 주인공이 될 수 있다.

이 책은 블록체인이라는 거대한 혁명의 시대에 우리나라 사람이라면 누구나 한 번쯤은 꼭 읽어야 할 필독서라고 생각한다. 이 책을 읽고서 생각이 바뀌고 행동이 바뀐 수많은 사람들에 의해 대한민국이 블록체인 시대에 새롭게 도약하게 된다면 이 책을 감수하고 자문한 사람으로서 더 없는 영광이 될 것이다.

부록
코인 전문용어 격파하기

블록체인 암호화폐의 용어는 주로 영어이며, 일반인에게는 여전히 생소한 개념들이다. 블록체인 관련 지식을 내 것으로 만들기 위해서는 전문용어를 이해하고 나만의 방식으로 설명할 수 있어야 한다. 개념이 희미해질 때마다 다시 찾아보고 친구나 지인에게 설명해보자. 다음 내용들은 블록체인 용어에 대한 정확한 개념을 확인할 필요가 있을 때마다 천천히 살펴보아도 좋다. 여기 소개된 암호화폐 전문용어만 충분히 숙지한다면 회식이나 친구 모임 중 종종 벌어지는 암호화폐 난상토론에 자신감 있게 임할 수 있을 것이다. 토론 이후 친구들에게서 받게 될 존경과 부러움의 눈빛은 열심히 공부한 대가라고 생각하고 마음껏 즐겨도 좋다.

블록체인(Blockchain)

모든 거래 정보를 포함하는 거대한 공유 분산 장부에 사용되는 데이터 구조를 뜻하며, 포괄적으로 여러 컴퓨터에 복제되어 관리되는 '분산 공유 장부 기술'이라는 의미로도 사용된다. 이름처럼 수많은 블록들이 사슬로 연결된 형태를 생각하면 된다. 각 블록에는 거래 데이터나 프로그램 코드가 담기고 서로 연결고리를 가지며 이런 특징을 바탕으로 위변조 여부를 바로 확인할 수 있다. 블록은 암호화 기술로 형성된 다수의 거래 정보 묶음이며 이런 블록이 체인처럼 연결되어 전체 블록체인을 형성한다. 수많은 상자들이 끊을 수 없는 사슬로 단단히 연결되어 있고, 각 상자 안에는 거래 내용을 기록한 종이가 담겨 있다고 생각하면 된다.

상자의 고유 이름표 = 블록 해시(Block Hash)

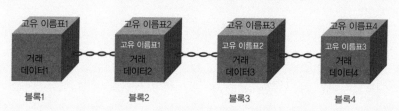

분산원장(Distributed Ledger)

데이터나 거래 이력을 관리하는 장부를 한 명이 가지고 있는 것이 아니라 참여 구성원 모두에게 배포하는 동시에 실시간으로 업데이트하는 기술이다. 장부를 나누어 소유함으로써 분실이나 위변조 문제를 해결할 수 있다. 예를 들면 회의록을 한 명이 관리하지 않고 참석한 모든 사람이 가지며, 누군가 회의록을 변경하면 그 내용이 구성원에 의해 합의될 경우 동시에 모든 회의록을 업데이트하는 과정을 생각하면 된다. 시간에 따른 변화가 모든 추적되고 미리 정해진 방법으로 합의되어야 하며 분산원장에 기록된 거래 내용이나 거래 데이터의 신뢰성과 투명성을 개선하는 장점이 있다.

P2P 네트워크(Peer-to-peer network)

중앙 서버를 두지 않고 모든 노드가 동등한 계층 내에서 통신할 수 있도록 구성된 통신망이다. 거미줄처럼 복잡하게 서로 연결된 망을 상상하면 된다. 탈중앙 분산 네트워크에서 자주 사용되는 표현이다.

노드(Node)

통신망을 구성하는 단말 장치나 통신 처리 장치의 기본 단위이다. 암호화폐에서는 보통 채굴을 담당하는 컴퓨터나 블록을 검증하고 관리하는 컴퓨터 단위를 의미한다. 역할에 따라 채굴 노드와 참여자 풀 노드를 구분할 수 있다. 채굴 노드는 블록을 생성하고, 풀 노드는 생성된 블록을 검증하고 전파하는 역할을 한다. 복잡한 연결망을 거미줄에 비유하면 각 거미줄이 만나는 점을 노드로 생각하면 된다.

분산 컴퓨팅

여러 대의 컴퓨터를 연결해 상호 협력하게 함으로써 컴퓨팅의 성능과 효율을 높이는 기술이다. 수많은 컴퓨터가 거미줄처럼 서로 연결되어 있고, 정해진 작업을 나누어서 동시에 처리하거나 데이터를 실시간으로 교환하여 항상 서로 같은 상태를 유지하는 형태이다.

승인(Confirm)

암호화폐의 위조 및 변조 여부를 확인하기 위해 암호화폐 네트워크 노드들이 블록체인의 정당성을 검증하는 과정이다. 승인을 거친 블록은 기존의 블록체인에 추가된다. 새롭게 승인된 블록 데이터를 근거로 각 사용자의 지갑도 업데이트되어 거래가 처리 완료된다. 블록체인의 특성상 일단 승인된 거래 내역을 취소하거나 변경하기는 불가능하다.

이중 지불(Double Spending)

한 거래에 돈이 두 번 이상 인출되는 상황을 의미한다. 전자 화폐를 이용하여 신뢰할 수 없는 상대방과 온라인 거래를 할 때 발생 가능한 문제다. 이중 지불 문제는 암호화폐의 신뢰성을 증명하는 데 있어서 상당히 중요한 항목이다. A가 악의적으로 B에게 암호화폐를 송부하면서 거래 요청이 완료되기 전에 동시에 C에게 보내려고 하더라도 거래 요청이 이루어지지 않도록 해야 한다.

해시(Hash)

사전적 의미는 채소를 잘게 쪼개어 새로운 형태로 튀겨내는 요리를 의미한다. 암호화 기술에서는 하나의 문자열을 더 짧은 길이의 값으로 변환하는 것을 의미하며 일단 변환된 결과값은 원래 입력값으로 복원할 수 없다. 입력값이 약간만 변경돼도 출력값은 전혀 달라진다. 따라서 해시 함수를 이용하면 정보의 위변조를 쉽게 확인할 수 있다.

SHA-256(Security Hash Algorithm-256)

임의의 값이나 문자열을 크기가 정해진 256비트(32바이트)의 값으로 변환해주는 함수이다. 비가역적이며 입력값이 조금만 달라져도 결과값이 크게 달라지기 때문에 암호화폐에 많이 사용된다. 슈퍼컴퓨터를 이용하더라도 결과값을 바탕으로 입력값이 무엇인지 거꾸로 알아낼 수 없다. 단, 양자컴퓨터의 발전에 따라 입력값을 추적할 수 있는 가능성이 제기되어 이에 대한 보완책이 검토 중이다.

채굴(Mining)

새로운 블록을 생성하는 과정에서 여러 노드들이 먼저 블록을 완성하기 위해 경쟁하는 것을 의미하며 그에 대한 대가로 주어지는 보상(코인)을 포함하는 개념이다. 비트코인의 경우 수학 시험을 가장 먼저 푼 학생에게 상으로 일정량의 비트코인을 주는 것으로 비유할 수 있다. 새로운 블록을 생성시킨 노드에게 암호화폐를 보상으로 지급하는 것이 마치 금광을 캐는 채굴과 같다고 해서 붙여진 이름이다.

채굴자(Miner)

거래 요청을 묶어 새로운 블록을 생성하는 노드를 의미한다. 해시 연산을 바탕으로 단순 수학 계산을 통해 블록을 완성하는 작업증명(proof-of-work)이나 보유 코인의 지분을 바탕으로 블록을 완성하는 지분증명(proof-of-stake) 같은 방법을 사용한다. 작업증명은 수학 문제를 푸는 경쟁과 비슷하고 지분증명은 재산이 가장 많은 사람이 블록 생성한 대한 권한을 갖는 것으로 생각하면 된다. 채굴자로 인해 블록체인의 네트워크가 유지되며 채굴자는 이에 대한 보상으로 암호화폐를 지급 받는다. 또한 채굴자는 거래 수수료를 정할 수 있고 거래 처리가 완료됨에 따라 별도 수수료를 지급받는다. 요즘은 개인이 직접 채굴하는 경우는 드물고 '앤트풀' 같은 마이닝풀에 참석하여 함께 채굴된 코인을 나누어 갖는다. 비트코인은 전문 채굴 기업들이 존재하며 대부분 전기료가 저렴한 중국에서 채굴한다. ASIC 기반 전문 채굴 장비인 '앤트마이너'는 비트메인이라는 회사가 제작 공급하며, 비트메인의 CEO 우지한은 비트코인 및 비트코인 캐시에 절대적인 영향력을 미치는 인물이다.

블록(Block)

블록체인은 세계 각지에서 일어난 거래 기록 모음인 블록들을 서로 연결해 놓은 것이다. 말 그대로 거래 기록의 덩어리이다. 블록과 블록체인 정보는 blockchain.info를 통해 쉽게 확인할 수 있으며, 이더리움 계열은 etherscan.io에서 거래 내역을 확인할 수 있다. 거래마다 고유의 거래 번호가 있고, 그 번호에는 어떤 지갑 주소에서 다른 지갑 주소로 얼마를 보냈는지 기록되어 있다. 또한 블록들이 완성된 거래 이력에 따라 순서대로 연결되어 있다. 각 블록은 앞뒤 블록과 연결된 정보를 가지므로 조작 여부를 쉽게 판단할 수 있으며 조작된 블록은 확인 과정을 거쳐 네트워크에서 사라지게 된다. 한편 비트코인의 블록 구조는 다음과 같다. 해당 블록의 중요한 정보를 요약 해놓은 머리 부분(헤더, header)과 실제 거래 기록이 담겨 있는 몸통 부분(바디, body)으로 구분된다. 몸통 부분에는 누가 누구에게 얼마를 보낸다는 거래 기록들이 담기는데 비트코인은 1,500~2,200개 정도의 거래 기록을 한 블록 안에 담을 수 있다. 용지 한 장에 한 건의 거래 기록을 적는다면 약 1,500~2,200장의 용지를 상자의 몸(Boby) 안에 담는 것으로 생각할 수 있다. 머리 부분인 헤더는 총 6개의 데이터로 채워진다. 블록 헤더의 정보들이 입력값으로 이용되며 해시 함수를 거쳐 각 블록의 고유 이름표에 해당하는 '블록 해시'가 결정된다. 블록 헤더나 바디 내용을 조작하면 블록 해시값이 바로 변경되기 때문에 조작 여부를 금방 판단할 수 있다.

비트코인 블록 헤더의 구성

버전(Version)	비트코인에서 사용되는 블록체인 버전
이전 블록 해시(Previous block hash)	이전 블록의 블록 해시 값
머클루트(Merkle Root)	블록에 포함되어 있는 모든 거래 내역의 요약 해시 값
타임(Time)	유닉스 기준 블록 생성 시간
난이도 목표(bits, target)	블록을 완성하는 기준이 되는 난이도 목표값
논스(Nonce)	1단위로 변조를 주는 값 0x00000000 ~ 0xFFFFFFFF

난이도 목표(Bits, Target)

난이도 목표값은 채굴의 난이도를 조절하는 값인데, 그 원리를 살펴보면 사실 블록이 늘어나는 속도를 조절하는 값이다. 난이도 목표는 일정한 조건에 따라 미리 정해진다. 예를 들어 채굴 경쟁이 붙어서 점점 많은 사람들이 블록을 만들려고 한다면 난이도를 올려서 블록이 만들어지는 속도를 조절해야 한다. 또는 컴퓨터 장비가 좋아져 더 빨리 계산할 수도 있는데 그러면 채굴이 금방 끝나버린다. 반대로 너무 어렵다고 생각해서 채굴을 포기하는 사람이 늘어나면 난이도를 내리는 것이다. 난이도를 낮추면 채굴이 쉬워지면서 채굴 속도가 다시 빨라진다. 비트코인의 경우 평균적으로 10분마다 블록이 생겨나도록 조절한다. 그래서 결국 다음과 같은 조건으로 난이도가 미리 정해져 있다.

① 2,160개의 블록이 생성되는 데 걸리는 평균 소요 시간을 확인
② 만약 평균 소요 시간이 21,600분(=10분 * 2,160 블록)보다 길면 난이도를 낮춤
③ 만약 평균 소요 시간이 21,600분(= 10분 * 2,160 블록)보다 짧으면 난이도를 올림

결국 난이도 목표 값은 전체적으로 블록이 만들어지는 속도를 조절하기 위한 일종의 브레이크 및 엑셀 역할을 한다.

머클루트(Merkle Root) 혹은 머클트리(Merkle Tree)

'머클'이라는 사람이 만든 방법으로 '뿌리에 해당하는 가장 중요한 데이터'라는 뜻이다. 나무의 뿌리 부분을 생각해도 무방하다.

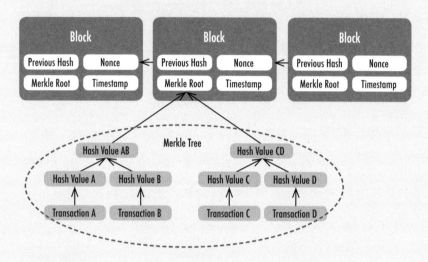

머클루트(머클해시)
다양한 거래 내역을 반복적으로 해시 처리하여 하나의 값으로 압축한다. 나무와 같은 형태를 빗대어 '머클트리'라고도 하며 머클루트는 최종 값을 의미한다

이 그림은 개별 거래 데이터를 일단 해시로 바꾸고 그 결과물을 붙여서 다시 해시를 돌리는 과정을 반복하여 최종적으로 한 개의 해시값이 나올 때까지 반복하는 과정을 보여준다. 즉, 최종적으로 하나의 해시값으로 만들면서 수많은 거래 데이터를 단 한 개의 조작 불가능한 데이터로 압축하는 것이다. 머클루트는 바디에 있는 거래 내역들을 압축함으로써 일일이 거래 내역 조작 여부를 살피지 않아도 조작 여부를 쉽게 확인할 수 있게 한다.

논스(Nonce)

유일하게 블록 내에서 채굴자들이 마음대로 바꿔볼 수 있는 값이다. 사실상 채굴이란 블록을 완성하기 위해 논스값을 계속 바꿔가며 난이도 목표보다 작은 블록 해시를 찾는 과정이다. 숫자 3개짜리로 된 자물쇠를 예를 들어 보자. 비밀번호를 잊어버리면 자물쇠를 풀기 위해서는 무식하지만 001, 002, 003… 이런 식으로 숫자를 하나씩 맞춰봐야 한다. 비슷한 원리로 논스값을 하나씩 늘려가면서 미리 정해진 '난이도 목표'보다 작은 블록 해시 값이 나올 때까지 계속 해시 함수를 돌려보는 것이다. SHA-256 해시는 슈퍼컴퓨터를 동원해도 결과값을 예측할 수 없다. 그냥 무식하게 입력 값을 바꿔가면서 일일이 결과값을 확인해야 된다. 그러다가 어느 순간 난이도 목표값보다 작은 블록 해시값이 나오면 드디어 블록이 완성된다. 그때 입력된 마지막 논스값이 최종값으로 기록되고 이 과정을 전문 용어로 작업증명 (Proof-of-work)이라고 한다. 말 그대로 시간을 투자하고 컴퓨터 계산을 반복하여 열심히 일했음을 증명하는 것이다. 실상은 무식하게 숫자를 하나씩 넣으면서 답을 찾는 과정이지만 일단 답이 나오면 그게 맞는지 틀리는지 쉽게 확인할 수 있다. 이러한 과정을 통해서 하나의 새로운 블록이 만들어지고 완벽하다는 무결성이 증명된다. 새로운 블록이 생성되는 시간을 버는 것이다. 블록이 너무 빨리 자주 만들어지면 다른 노드들이 새로운 블록을 검증할 시간이 부족할 수 있기 때문이다. 채굴자들은 이 작업증명에 대한 보상으로 비트코인을 지급받는다. 바디에 있는 수많은 거래 내역 중 사실 제일 첫 번째 거래는 채굴자가 비트코인을 지급받도록 하는 거래다. 채굴자들은 블록을 완성하기 위해 다양한 거래 요청을 블록을 담을 때 자신이 지급받을 비트코인 거래 요청을 첫 번째 거래로 집어넣는다. 그래서 새로운 블록이 완성됨과 동시에 채굴자 지갑으로 새로운 비트코인이 입금된다.

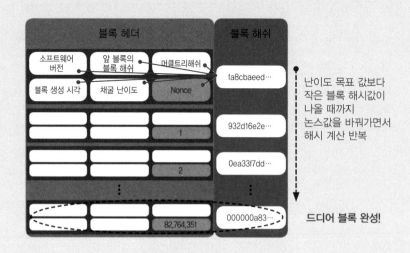

비트코인의 블록이 무식하게 하나씩 값을 대입해서 블록해시를 찾는 방식으로 만들어지기 때문에 전기를 엄청 소모한다. 이러한 작업증명을 통해 평균 10분당 하나의 블록이 생성되고 문제가 있는지 없는지 다른 사람들이 동시에 확인하면서 완성된다.

비트코인 실제 거래 사례 분석
비트코인으로 송금하는 실제 사례로 살펴보면 다음과 같다.

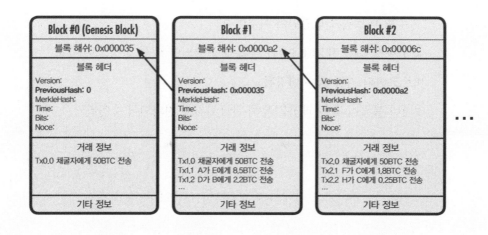

① 최초 제네시스(Genesis) 블록이 생겨남. 최초 블록을 생성한 채굴
자에게 50BTC를 전송함.

② 10분 이후 A가 E에게 0.5 BTC(비트코인)을 전송 요청함

③ 비슷한 시점에 D가 B에게 2.2 BTC를 전송 요청함(그 외 여러 개의
전송 요청도 발생)

④ 수많은 전송 요청들이 네트워크를 통해 채굴자들에게 전달됨

⑤ 수많은 채굴자들 중에 어떤 채굴자가 1번 블록을 완성시킴

　　– 거래 정보 데이터를 이용하여 머클해시(머클루트)를 만듦

　　– 이전 블록의 블록 해시 0x000035를 가져옴

　　– 6개의 블록 헤더 데이터를 이용해 블록 해시를 계산하고, 반

　복해서 논스값을 바꾸어가며 난이도 목표(Bits)보다 작은 블록 해

　시를 마침내 찾음 (0x0000a2)

⑥ 1번 블록이 주변 네트워크로 전달됨

⑦ 주변 네트워크의 승인이 이루어짐

⑧ 1번 블록이 저장되고 0번 블록에 연결되어 이를 바탕으로 각자 비트코인의 지갑 액수 변경됨

⑨ 2번 블록이 같은 과정을 통해 만들어지고 전파되어 승인됨

지갑(Wallet)

각 사용자는 개인키와 공개키를 생성하여 보관하며, 공개키를 기반으로 주소가 생성되어 이 주소를 가지고 거래한다. 공개키는 불특정 다수와 공유할 수 있는 통장 계좌 번호와 비슷하다. 개인키는 소유자만 접속할 수 있는 통장 비밀번호와 유사하다. 피해 사례를 살펴보면 해커들이 암호화폐 거래소 직원의 개인 PC를 해킹하여 사용자 개인 정보를 취득한 뒤 거래소 직원을 사칭, 개인키 정보를 사용자에게서 받아내 암호화폐를 빼낸 적이 있다. 2013년 블룸버그TV의 앵커가 동료에게 비트코인을 송금하는 것을 방송했다가 비트코인을 모두 도둑맞은 사건이 있었다. 방송국 카메라가 우연히 앵커의 비트코인 지갑을 촬영하면서 개인키가 유출되었기 때문이다. 블록체인 기술을 통해 코인의 소유권 이전이 발생하면 지갑 프로그램은 블록체인 데이터를 바탕으로 각 지갑의 코인 액수를 조정하는 역할을 한다.

개인키(Private key)

암호화폐 주소에 해당하는 공개키에 접근할 수 있는 권한을 가진 문자

열이다. 암호 역할을 하기 때문에 타인에게 절대 노출되면 안 된다. 임의로 생성되기도 하고 사용자가 지정하여 생성할 수도 있다. 분실을 대비하여 특정 문구를 바탕으로 복구하는 기능을 지원한다.

공개키(Public key)

암호화폐 주소 문자열로서 계좌번호 역할을 하기 때문에 거래 당사자와 공유한다. 타원곡선함수를 이용하여 개인키로부터 생성된다. 공개키를 바탕으로 개인키를 유추하기는 불가능하며 암호화폐 보안의 핵심에 해당된다. 공개키를 기반으로 SHA-256 암호화 기술을 적용하여 지갑주소를 만든다. 개인의 거래 요청 내역을 개인키로 암호화시키고, 이를 전달받은 주변 노드들은 공개키를 이용하여 암호화된 거래 요청 내역을 복구할 수 있다. 이를 복호화라고 한다. 복호화된 내용을 바탕으로 거래 요청이 진짜 거래 요청자에 의해 이루어졌는지 확인 가능하며, 위변조를 파악할 수 있다. 개인키와 공개키는 암호화폐의 안전한 거래를 위한 필수 암호화 기술이다.

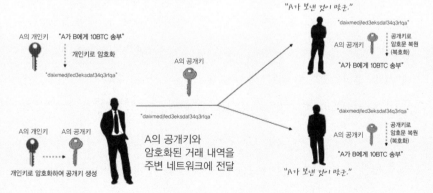

거래(Transaction) 및 UTXO(Unspent Transaction Output)

실제 암호화폐의 소유권 이전이 발생하는 거래를 말하며, 각 사용자의 키로 서명이 되어 지정된 사용자끼리만 가능하다. 이 과정에서 고유 거래번호가 생성된다. 거래 기록은 블록 안에 저장되며 인증 과정을 거쳐 확인이 완료되면 변경이나 변조가 불가능하다. 거래가 완료되려면 작업증명을 거쳐 승인되어야 하며 시간이 걸린다. 암호화폐 거래는 승인 완료된 거래 내용을 바탕으로 각 지갑의 액수가 변경된다. 비트코인은 UXTO라는 기술을 거래 처리에 사용한다. 누군가에게 받은 비트코인을 수표처럼 생각한다면 발송자의 서명을 받아 내 지갑에 보관된다. 누군가의 출력물(output)이 나에게는 입력물 (input)이 되는 원리이다. 전달받은 출력물이 아직 사용되지 않고 지갑에 보관 중이기 때문에 미사용 거래 출력(Unspent Transaction Output)이라는 이름이 붙여졌다. 한편 내 지갑에 있는 수표를 누군가에게 보낼 때 액수가 정확히 일치하지 않으면 두 개의 수표를 발행하여 첫 번째 것은 다른 사람에게 보내고 두번째 것은 새로운 수표로 내게 되돌아오게 한다. 10BTC를 받아서 사용되지 않은 수표로 지갑에 보관하고 있다고 가정하자. 이를 친구에게 7BTC로 보내려 하면 실제로 7BTC + 3BTC 두장의 수표가 발행되어 첫 번째 거래 내역 7BTC는 친구에게 보내지고 두 번째 거래 내역 3BTC는 다시 내 지갑으로 들어온다. 동시에 원래 10BTC는 사용된 거래로 처리되어 지갑에서 사라진다. UTXO는 비트코인이 만들어진 이래 단 한 차례 해킹 사고도 보고된 바 없는 신뢰성이 높은 거래 처리 기술이다.

51% 법칙(51% 공격)

블록체인의 위조 여부를 검증하는 방법이다. 암호화폐 노드들은 자신이 가지고 있는 블록체인이 다른 노드들의 블록체인과 같은지 수시로 비교하며 위조 여부를 확인한다. 과반이 가지고 있는 블록체인과 같다면 원본으로 판단해 계속 보관하고, 다르면 위조되었다고 판단해 폐기한 후 과반이 가진 블록체인을 복사해 보관한다. 전체 네트워크 연산 능력의 51% 이상을 보유하거나 네트워크 지분을 51% 보유하는 경우 이론적으로 전체 블록체인을 위조할 수 있다. 이를 51% 공격이라고 한다. 51% 공격이 이론적으로만 존재하고 실제 발생하지 않는 이유는 51% 공격에 드는 비용이 채굴 비용보다 훨씬 높기 때문이다.

시빌 공격(Sybil Attack)

일종의 네트워크 해킹 공격으로 특정 목적을 위해 한 명의 행위를 여러 명의 행위인 것처럼 속이는 공격 형태다. '시빌'은 다중 인격 장애를 앓고 있던 여성의 필명이다. 실생활에서 찾아볼 수 있는 시빌 공격의 피해 사례로는 악성코드 유포자 한 명이 악성 프로그램을 좋은 프로그램인 척 인터넷 공간에 퍼뜨린 뒤 여러 개의 계정을 만들어서 "이 프로그램은 정말 우수하다"라고 속여 다른 사람들이 다운받게 하는 경우이다. P2P 거래를 지원하는 블록체인에서는 작업증명과 같은 방식을 도입하여 아예 신분을 위조할 필요가 없게 함으로써 시빌 공격의 가능성을 차단한다.

서비스 거부 공격(Denial of Service Attack)

시스템을 악의적으로 공격해 해당 시스템의 자원을 부족하게 하여 원래 의도된 용도로 사용하지 못하게 하는 공격이다. 특정 서버에게 수많은 접속 시도를 만들어 다른 이용자가 정상적으로 서비스를 이용하지 못하게 하거나, 서버의 연결을 바닥내는 등의 공격이다. 수단, 동기, 표적은 다양할 수 있지만, 보통 인터넷 사이트 또는 서비스의 기능을 일시적 또는 무기한으로 방해 또는 중단을 초래한다. 통상적으로 DoS는 유명한 사이트, 즉 은행, 신용카드 지불 게이트웨이, 심지어 루트 네임 서버를 상대로 이루어진다. 2002년 10월과 2007년 2월의 DNS 루트 서버에 대한 DNS 백본 DDoS 공격은 인터넷 URL 주소 체계를 무력화시켜 인터넷 전체에 대한 공격이었다. 분산 서비스 거부 공격(Distributed DoS)은 여러 대의 공격자를 분산적으로 배치해 동시에 서비스를 거부하는 방법이다. 이는 정당한 인터넷 사용 정책에 반하는 것으로 여겨지며 거의 모든 인터넷 서비스 공급자의 허용할 수 있는 사용 정책도 위반한다. 개별 국가의 법률에도 저촉된다.

작업증명(Proof-of-work)

컴퓨터 시스템에 접속하려는 모든 개체에게 시간이 걸리는 작업을 일부러 수행하도록 해 시스템을 공격하려는 악의를 가진 접속자로부터 시스템을 방어하기 위한 수단을 의미한다. 난이도 목표값 이하의 값이 나올 때까지 논스값을 순차적으로 해시 함수에 대입하여 답을 찾는 방법이다. 작업증명 과정은 새로운 블록 정보가 네트워크에 전달되는 시간을 늦춰 조작된 블록체인이 네트워크에 빨리 퍼지는 것을 방지한다. 비트코인은 평균 10분 정도 걸리는 문제를 자동으로 생성하고 문제를 푼 첫 번째 참가자가 새로운 블록체인을 만들 수 있는 권한을 갖는다. 이 과정을 통해 비트코인 블록체인은 평균 10분에 한 번씩 추가되며 각 노드는 10분 동안 새로운 블록을 검증할 시간을 번다. 처음 문제를 푼 참가자는 보상으로 일정량의 신규 비트코인을 지급 받는다. 초기 채굴자들은 일반 PC를 이용해서도 10분 안에 답을 찾을 수 있었는데 이제는 경쟁자가 많아지면서 문제 난이도가 상승했고 더 빠른 계산이 요구된다. 전문 비트코인 채굴자들은 연산을 빠르게 처리하는 ASIC 반도체를 이용하여 채굴 공장을 운영한다. 이더리움 채굴은 수치 연산을 빠르게 하는 GPU를 이용한다. 컴퓨팅 자원 및 전력 자원 소모의 문제점이 있다.

지분증명(Proof-of-stake)

화폐량을 더 많이 소유한 승인자가 우선적으로 블록을 생성할 수 있다. 대량 통화를 보유한 참가자는 그 통화 가치를 지키기 위해 시스템 신뢰성을 손상하지 않을 것이라는 전제를 바탕으로 한다. 따라서 지분증명 방식은 컴퓨팅 자원 소모가 아닌 자신이 가진 지분(Stake)을 통해 블록을 생성한다. 즉, 자신이 가지고 있는 지분과 지분이 생성된 날짜에 의해 결정된다. 한 번 블록 생성을 위해 사용된 지분의 날짜는 초기화된다. 기본 구조는 작업증명과 다르지 않지만, 화폐량에 따라 해시 계산의 난이도가 낮아지기 때문에 작업증명보다 자원 소모가 적다는 장점이 있다. 현재 이더리움은 작업증명 방식을 채택하고 있지만 추후 업그레이드를 통해 지분증명으로 변경을 계획 중이다. 위임 지분증명(Delegated Proof-of-Stake)은 일종의 대의 민주주의 같은 형태로 대리인을 운영하여 빠른 합의를 유도하는 방법이다. 대리인은 임의로 무작위 선정을 하거나 평판 혹은 중요도를 바탕으로 선정할 수도 있고 대리인을 평가하기 위해 투표를 도입하기도 한다. 지분증명의 가장 큰 단점은 검증자가 여러 개의 블록체인 분기가 발생할 때 하나만 선택하지 않고 본인의 지분을 바탕으로 여러 개의 데이터 블록을 인정하는 경우다. 따라서 가장 긴 체인을 선택하면 보상을 제공하지만 의도적으로 옳지 않은 데이터를 선택하여 검증하면 페널티를 부과한다.

비잔틴 장군의 문제(Byzantine General Problem)

1982년 레슬리 램포트(Leslie Lamport) 등 3명의 컴퓨터 공학자가 마이크로소프트의 연구를 통해 제시한 우화를 의미한다. 비잔틴 장군들이 도시 하나를 점령하기 위해 도시를 포위하고 함께 공격하려면 흩어져 있는 부대에 연락병을 보내 동시에 공격해야 하는데 장군들의 배신이나 가짜 연락병의 문제를 어떻게 해결하고 동시에 공격 시간을 결정할지에 대한 문제이다. 분산 컴퓨팅 환경에서 발생할 수 있는 문제를 함축한 것으로 신뢰할 수 없는 노드를 포함하는 네트워크 상에서 악의를 가진 노드나 제대로 기능하지 않는 노드의 부정적인 영향력을 배제하는 방법에 관한 문제를 다룬다.

위임 비잔틴 장애 허용(Delegated Byzantine Fault Tolerance, DBFT)

신뢰할 수 없는 노드들이 일으킬 수 있는 문제가 비잔틴 장군 문제와 동일하다고 판단되어 붙여진 이름으로 네오(NEO)가 사용하는 합의방식이다. 사용자가 선출한 북키퍼에 의해 운영된다. 사용자에 의해 선출되어 노드를 운영하는 북키퍼와 일반 블록체인 사용자로 분리해 접근하는 독자적인 합의 알고리즘이다. 검증마다 무작위로 북키퍼들이 블록 생성자로 지정되며, 그들의 2/3가 동의하면 합의가 이루어진다. 매 블록 생성 시간은 15~20초가 소요되고 거래 처리 속도는 이론적으로 초당 1,000TPS(Transaction Per Sec) 정도이다. 선출된 노드는 국회의원, 북키퍼는 그들을 대상으로 합의 내용을 전달하는 국회의장으로 생각하면 이해하기 쉽다.

알트코인(Alternative coin)

비트코인을 제외한 모든 암호화폐를 총칭한다. 이더리움이 가장 대표적인 알트코인이며, 비트코인에서 분리된 비트코인 캐시도 알트코인이다.

DEX(Decentralized Exchange)

분산화된 거래소이다. 대형 거래소를 제외한 개인 간의 장외거래소로 이해할 수 있다. 기존의 거래소의 횡포와 단점으로 인해 탄생되었다. DEX에서는 코인의 모든 입금 출금은 블록체인에서만 이루어지고, 거래소가 제공하는 토큰화된 내부 지갑이 아닌 블록체인 상에서 직접 접속하는 개인 지갑에서 바로 거래할 수 있게 지원한다. 중간에 누구도 입출금을 고의로 막는 등 장난칠 수 없으며, 블록체인의 보안에 직접 의존할 수 있다. 기존 거래소에 위탁함으로써 서버가 해킹당한다거나 개인정보가 유출될 위험도 전혀 없다. 이용자는 자기 지갑만 잘 간수하면 된다. 마치 비트코인이 기존 금융권의 밀실에서만 이루어지던 금융경제를 대중들이 직접 참여할 수 있는 광장으로 끌어낸 것처럼, DEX는 기존 거래소의 닫힌 거래 환경을 넓은 초원으로 이끌어 낼 것이다.

토큰(Token)

암호화된 코인과 토큰은 일반적으로 같은 의미로 사용된다. 보통 독립된 블록체인 네트워크를 소유하면 코인이라고 한다. 비트코인, 이더리움 등이다. 반면 독립된 블록체인 네트워크를 소유하지 않은 경우 토큰으로 부른다. 토큰은 일종의 증표 기능을 갖는다. 기업에서 발생되는 토큰은 특정 서비스를 보장받기 위한 상품권처럼 활용될 수 있고 개인 간 거래 및 전송을 위해 기존 블록체인 네트워크에서 사용된다. 코인기반 네트워크가 작동할 수 있도록 경제적 동기부여의 수단으로도 활용된다. 기업이 ICO(Initial Coin Offering)을 진행하여 일반인에게 판매하여 자금을 모으는 경우 보통 토큰이 활용된다.

ERC-20(Ethereum Request for Comment-20)

이더리움 토큰의 호환성을 위해 제안된 표준이다. 이더리움 네트워크 블록체인을 기반으로 하는 탈중앙앱 dApp(Decentralized Application)에서 사용할 수 있는 토큰을 의미한다. 넓은 의미에서 화폐뿐만 아니라 자산 기능도 한다. 이더리움 네트워크 블록체인을 구글 플레이스토어 마켓에 비유하면 탈중앙앱은 구글 마켓에서 다운로드 받을 수 있는 앱에 해당한다.

이더리움 가상 머신(Ethereum Virtual Machine EVM) 및 가스(Gas)

EVM은 이더리움의 핵심 개념 중 하나로 이더리움 블록체인 네트워크의 노드들이 공유하는 거대한 가상 컴퓨터이다. 일종의 거대한 분산 컴퓨터에서 작동되는 운영체제라고 할 수 있다. 네트워크상의 수많은 노드들은 이 거대한 가상 머신에 접근할 수 있고 그 안에 있는 데이터들도 바꿀 수 있다. 따라서 동시에 많은 사람들이 수정을 하게 된다면 충돌이 일어날 것이다. 이런 충돌을 중재하는 것이 EVM의 주요 역할이다. 이더리움에는 '솔리디티(Solidity)'라는 컴퓨터 언어가 사용된다. 솔리디티는 사람이 이해할 수 있게끔 만들어진 언어이므로 기계들이 이해할 수 있는 기계어로 변환되어야 한다. 솔리디티 컴파일러(compiler)가 이를 변경하며 컴파일러에 의해 기계어로 쓰여진 코드를 이더리움 바이트코드(Ethereum Bytecode)라고 한다. 이렇게 변경된 이더리움 바이트코드를 EVM에서 실행하는 것이다. 하지만 누구나 아무 제약 없이

EVM을 사용할 수 있다면 이른바 '공유지의 비극' 같은 문제가 발생한다. 즉, 무책임한 사용으로 EVM이 황폐화되고 오용될 수 있는 것이다. 이런 문제들을 예방하기 위해 일정 비용을 지불하도록 설계되었다. 가스(Gas) 라는 개념인데 'EVM에서 일을 수행하기 위해 필요한 연료'라고 생각하면 된다. 가스를 도입함으로써 악성 스팸도 방지하고 EVM이 무한 루프에 빠지는 것도 막을 수 있다. 즉 EVM을 사용하려면 작업의 크기만큼 가스를 측정하여 이더(ETH)로 지불한다. 간단히 연산 처리 수수료로 생각해도 좋다.

DAO 분산형 자동화 조직(Decentralized Autonomous Organization)

관리자가 없는 분산형 장부인 블록체인의 특징을 응용한 조직으로 관리자와 의사결정자가 없는 상태에서도 자동적으로 활동하는 조직을 가리킨다. 일반적인 기업은 이사회 등의 중앙관리자를 통해 경영이 이루어지지만, DAO에는 중앙관리자가 존재하지 않으며 스마트 계약으로 경영이 자율적이고 자동적으로 이루어진다. 비트코인 운영체제에서 왔기 때문에 최초의 DAO는 비트코인이라고 할 수 있다.

하드포크(Hard Fork) / 소프트포크(Soft Fork)

블록체인 상에서 발생하는 분기를 구분하는 방법이다. 소프트포크는 합의 규칙을 제한하는 방법이다. 기존 합의 규칙보다 범위가 좁아지는 방법이기에 기존 노드들과 여전히 호환된다. 반면 하드포크는 합의 규칙을 완화하는 변화이다. 일례로 블록사이즈를 1MB에서 2MB로 늘리는 변화를 의미한다. 따라서 노드들은 모두 프로그램을 업데이트해야 한다. 이러한 변화를 둘러싸고 참여 노드들과 채굴자들 사이의 합의가 반드시 필요하다. 결국 합의되지 않고 포크를 강행하면 체인 분리가 발생하고 서로 다른 코인이 된다. 일반적으로 계획에 따라 하드포크를 실시하면 원래 블록체인 데이터를 가지고 있던 코인 보유자들에게 동일한 숫자의 새로운 코인을 지급한다.

세그윗(SegWit)

Segregated Witness의 약자로, 굳이 번역하자면 '분리된 서명'이라 할 수 있다. 세그윗 채택 당시 비트코인 블록 사이즈의 포화로 전송 수수료가 지속적으로 오르는 상황이었기 때문에 블록 용량을 해소하고 거래 가변성 같은 보안 문제를 해결하기 위해 도입된 소프트포크 기술이다. 비트코인의 거래는 입력(input)과 출력(output), 크게 두 영역으로 구분할 수 있다. 이 경우 거래 위변조를 증명하기 위해 전자 서명이 포함된다. 세그윗이 적용되지 않은 기존 버전은 이런 거래를 모아 최대 1MB 용량 이내로 하나의 블록을 만들도록 되어 있다. 세그윗은 전자 서명을 블록에 포함시키지 않고 별도로 모아 1MB 블록을 만든다. 그리고 분리된 서명을 블록 뒤에 별도로 붙여둔다. 따라서 기존 1MB 영역에 서명 부분이 제외된 만큼 더 많은 거래를 담을 수 있게 된다. 이를 통해 실제 최대 4MB까지 블록 사이즈를 늘린 것과 동일한 효과를 얻을 수 있다.

라이트닝 네트워크(Lightening Network)

사용자들로 하여금 수천 개의 거래가 가능하게끔 한다. 각 거래마다 전송 수수료를 지불하기보다 수천 개를 한번에 전송할 수 있게 한다. 따라서 수천 개의 전송 수수료를 지불하는 대신에 지불 채널을 열고 닫을 때의 수수료만 내면 되는 장점이 있다. 개념적으로 보면 거래 당사자들이 일정량의 코인을 예치시키고 블록체인 이외의 별도의 결제 채널을 만들어서 거래 처리를 하고 채널을 닫는 방식이다. 이를 통해 획기적으로 거래 처리 속도를 개선할 수 있다. 라이트 코인은 이미 이 기술을 적용 중이다. 대략 1,000개 정도의 라이트닝 노드가 운영 중인 것으로 알려져 있다.

라이덴 네트워크(Raiden Network)

이더리움을 위해 개발 중인 기술로, 비트코인 및 라이트코인에서 사용하는 라이트닝 네트워크와 매우 유사하다. 결제 채널을 열고 닫는 과정 사이의 중간 거래를 블록체인에 기록하지 않으므로 블록체인 기록을 최소화하고 수수료를 절약할 수 있다. 블록 처리를 기다리지 않아 승인을 빠르게 진행할 수 있으며 채널을 여닫을 때에만 수수료를 지불하기 때문에 중간 과정의 거래는 수수료가 필요 없다. 실제로는 개인과 개인을 연결하는 여러 채널이 거미줄처럼 얽히면서 상호간 채널을 닫는 횟수를 최소화할 수 있어 파급효과는 더 커지는 구조이다.

플라즈마(Plasma)

라이덴이 채널을 여닫는 과정을 통해 오프체인(Off-chain)을 활용하는 기술이라면, 플라즈마는 하부 체인을 통해 블록체인의 기록을 최소화하는 기술이다. 현재 탈중앙앱은 이더리움 블록체인에 모든 데이터를 기록한다. 이는 속도의 문제도 야기하지만 블록 사이즈의 문제, 데이터량에 따른 가스 소비의 증가와 같은 문제를 양산한다. 플라즈마는 별도 체인을 만들고 검증에 필요한 최소한의 데이터만 이더리움의 메인 블록체인과 동기화한다. 이를 통해 이더리움 블록 사이즈를 줄일 수 있고 보다 빠른 속도로 탈중앙앱을 구동할 수 있으며 수수료인 가스 소비를 최소화할 수 있다. 플라즈마 하부 체인의 유효성은 이더리움 메인 블록체인을 통해 검증이 가능하다. 오미세고(OMG)와 코스모스(Cosmos)가 상용화 파트너로 협업 중이다.

샤딩(Sharding)

방대한 데이터베이스를 효과적으로 관리를 위해 데이터를 분할하여 물리적으로 서로 다른 곳에 분산 저장 및 조회하는 기술이다. 블록체인은 모든 노드가 동일 데이터를 가지고 있고 같은 연산을 하기 때문에 거래 처리 속도가 느린 편이다. 이더리움의 경우 1만개가 넘는 노드가 존재한다. 모두 같은 데이터를 처리하고 노드 간에 데이터를 일치시키는 데 시간이 걸린다. 만약 노드들을 그룹으로 나누어 역할을 분담하면 어떻게 될까? 일례로 1만개의 노드를 100개의 그룹으로 나누어 각기 다른 거래를 처리하면 이론적으로 처리 속도는 100배나 빨라진다. 즉, 기존의 직렬 구조의 노드를 병렬적으로 구성하여 체인을 확장시킬 수 있다. 다만 이 경우 보안에 더 취약해지므로 별도로 그룹으로 나눈 노드인 샤드 네트워크를 구성하여 관리해야 한다. 샤드 네트워크의 보안을 위해 무작위 난수 추첨 선정과 같은 방법이 고려되고 있다. 결론적으로 샤딩은 이더리움 노드가 처리하는 데이터를 분할하여 속도를 획기적으로 끌어올리는 작업이다. 아직은 초기 개념 수준이고 향후 실제 적용시 발생할 수 있는 보안 문제에 대한 검증이 필요한 단계다.

캐스퍼(Casper)

이더리움에서 진행 중인 프로젝트로 기존의 작업증명 방식에서 지분증명으로의 전환을 추진 중이다. FFG(Friendly finality gadget)는 비탈릭 부테린이 주도하는 캐스퍼 구현 방식으로 기존 작업증명에서 지분증명으로의 안정적인 전환을 위해 혼합된 합의 메커니즘을 사용한다. 블록 생성은 작업증명의 채굴자들이 맡고 50블록마다 네트워크에서 검증인들이 완결성을 검증하는 지분증명 검사 지점을 설정해둔 방식이다. 완결성(Finality)이란 이미 결정된 블록체인이 다시는 바뀌지 않는 것을 의미한다. 지분증명에는 검증자가 여러 개의 분기를 동시에 정당하다고 할 수 있는 위험이 존재한다. 따라서 전체 지분의 2/3 이상이 투표한 분기에 투표하게 되면 보상을 받고, 반대로 네트워크를 교란시키는 투표 행위를 하는 검증자는 자격을 박탈당하고 예치금을 몰수당한다. 이때 위법 행위를 발견한 검증자들은 일정 포상금을 받는다. 언제든지 검증자들이 예치금을 인출하면 검증자 자격을 상실한다. 현재 테스트넷에서 진행 중이며 메인넷은 2018년 후반기에 선 보일 예정이다. 아직 다양한 변수(보상금, 이자율, 몰수 비율, 체크 포인트, 신고 포상금)들이 여전히 실험 중이기 때문에 향후에 변경될 가능성도 존재한다.

우로보로스(Ouroboros)

'꼬리를 삼키는 자'라는 뜻이다. 고대의 상징으로 커다란 뱀이나 용이 자신의 꼬리를 물고 삼키는 형상으로 원형을 이루는 모습이다. 암호화폐에서는 카르다노에서 사용되는 합의 방식을 뜻하며 기존의 위임 지분증명(DPOS)의 문제점을 해결하기 위한 합의 방식이다. 블록을 생성한 사람이 다음 블록 생성자를 동전 던지기 같은 추첨에 의해 완벽하게 임의로 정하게 하여 조작을 방지한다. 즉, 네트워크 구성원 모두가 랜덤 변수 생성에 참여하게 함으로써 변수 조작을 방지하는 방식이다.

탱글(Tangle)

IOTA의 분산 장부다. 블록체인과 동일한 기본 원칙에 기반하지만 완전히 다르게 설계되어 차이점이 많다. 일정 주기로 블록이 선형의 체인으로 연결되는 블록체인과는 달리 탱글은 방향성 비순환 그래프(DAG: Directed Acyclic Graph)의 구조다. 이로 인해 IOTA는 검증을 병렬화하여 많은 수의 거래를 처리할 수 있으며 거래 수수료도 전혀 들지 않는다.

탱글의 규모가 커지고 많은 참가자들이 거래를 실시할수록 전반 시스템은 더 안전해지고 처리 속도가 빨라지며 거래의 최종확인까지 걸리는 시간이 단축된다. 블록체인 상에서 합의는 다수의 참가자가 일종의 경주를 통해 다음 블록을 추가시키고 블록 보상과 거래 수수료를 획득하는 매우 면밀한 방식을 통해 이루어진다. 이러한 이유로 합의는 거래의 생성과 분리되어 네트워크의 소규모 부분집합에 의해서 이루어진다.

아토믹 스왑(Atomic Swap)

별도의 거래소 및 거래를 거치지 않고 다른 종류 간에 즉시 교환이 가능하게 하는 기술을 의미한다. 복잡한 과정을 거치지 않고 즉시 교환이 가능해지며 이를 통해 결제 및 처리속도에서 엄청난 이점이 생긴다. 다른 체인에서 실행되는 스마트 컨트랙트도 일괄적으로 진행할 수 있다.

오라클 문제(Oracle Problem)

블록체인 밖의 데이터를 블록체인 안으로 가져올 때 발생하는 문제를 의미한다. 오라클 문제가 중요한 이유는 일단 스마트 계약이 작성되고 시행되면 되돌릴 수 없기 때문이다. 따라서 외부 데이터를 신뢰할 수 없거나 전송 과정에서 위변조가 발생하면 블록체인의 기능에 중대한 오류를 불러일으킨다. 예를 들어 날씨 조건에 따라 보험금을 지급하는 탈중앙앱을 작성했을 때 인터넷에 존재하는 다양한 날씨 데이터 중 어떤 데이터를 신뢰할 수 있으며 입력데이터로 사용할 것인지 같은 문제가 발생한다.

신뢰증명(Proof-of-Trust)

iCash라는 암호화폐에서 제시된 합의 프로토콜이다. 오라클 문제나 스마트 계약의 불완전성에서 발생 가능한 문제를 해결하기 위해 제안된 합의 방식이다. 스마트 계약이 블록체인에 담겨지기 전에 제3자가 검증자 역할을 하여 스마트 계약의 완전성과 입력 데이터의 정확도를 확인하는 방식이다. 검증자 네트워크를 따로 구성하고 이러한 역할에 대한 경제적 동기부여로 iCash를 지급한다. 스마트 계약을 지원하는 이더리움, 이오스 같은 플랫폼 코인과 연동되는 방식이다. 스마트 계약의 오류율을 획기적으로 낮출 수 있음을 수학적 계산으로 증명했지만, 이로 인해 스마트 계약 실행이 얼마나 느려질 수 있는지 아울러 확장성에 대한 병목 현상이 발생할 수 있는지에 대한 구체적인 설명은 아직 없다. 2018년 도입된 프로젝트로 현재 토큰 발행을 통해 개발 자금을 모으고 있다.

참고문헌

이 책이 나올 수 있기까지 많은 거인들의 어깨가 있었다. 필자들은 이들이 쓴 좋은 책과 문헌, 기사 덕분에 이 책을 쓸 수 있었다. 마음 같아서는 그들 모두에게 일일이 감사의 인사를 드리고 싶으나 여건상 그렇게 하지 못하는 점을 널리 양해바라며 이 지면을 빌어 우리가 올라탈 수 있도록 어깨를 내어준 많은 거인들께 진심으로 감사의 인사를 전한다.

황태섭, 이현준

습의 시대, 이현준, 황태섭 저, 트러스트북스

실리콘밸리 스토리, 황장석 저, 어크로스

블록체인의 미래, 오키나 유리,야나가와 노리유키,이와시타 나오유키 저/이현욱 역, 한스미디어

문과생을 위한 이과센스, 다케우치 가오루 저/류두진 역, 위즈덤하우스

2019 부의 대절벽, 해리 덴트 저/안종희 역, 청림출판

인플레이션, 하노 백, 우르반 바허, 마르코 헤르만 저/강영옥 역, 다산북스

이것이 블록체인경제다, 한경Business특별취재팀, 한국경제매거진

하룻밤에 읽는 블록체인, 정민아, 마크 게이츠 저, 블루메가수스

예정된 미래 2025 블록체인 세상 여행하기, 김현우/아시아경제TV블록체인연구소 저, 클라우드나인

비트코인과 블록체인 탐욕이 삼켜버린 기술, 이병욱 저, 에이콘

아무도 알려주지 않은 4차 산업혁명 이야기, 강명구 저, 키출판사

마윈, 내가 본 미래, 마윈 저, 김영사

2030 대담한 도전, 최윤식 저, 지식노마드

더 나은 세상, 피터싱어 저/박세연 역, 예문아카이브

4차 산업혁명시대 미래형 인재를 만드는 최고의 교육, 로베르타 골린고프, 캐시 허시-파섹 저/김선아 역, 예문아카이브

크립토애셋 암호자산 시대가 온다, 크리스 버니스크, 잭 타터 저/고영훈 역, 비즈페이퍼

블록체인 혁명, 돈 탭스코트, 알렉스 탭스콧 저/박지훈 역, 을유문화사

블록체인노믹스, 오세현,김종승 저, 한국경제신문사

넥스트 머니, 고란, 이용재 저, 다산북스

라스트 코인, 함정수, 송준 저, 매일경제신문사

세계미래보고서 2055, 박영숙, 제롬 글렌 저/이영래 역, 비즈니스북스

화폐전쟁4, 쑹훙빙 저/홍순도 역, RHK

제4차 산업혁명시대 비트코인에 투자하라, 안혁 저, 원앤원북스

비트코인이 금화가 된다, 이시즈미 간지 저/이해란 역, 국일증권경제연구소

시골영어선생 비트코인 투자로 매월 1억 번다, 구대환 저, 국일증권경제연구소

한 권으로 끝내는 비트코인 혁명, 한대훈 저, 메이트북스

춘추전국이야기1~11, 공원국 저, 위즈덤하우스

"가상통화發 '화폐전쟁' 2탄이 시작됐다",
http://news.mt.co.kr/mtview.php?no=2018012213280626793

"EOS의 라리머, 카르다노 블록체인은 성능이 떨어지는 복제품"
https://www.blockinpress.com/archives/1324

"댄 라리머에 대하여"
 https://steemit.com/kr/@hkmoon/dan-larimer

"비탈릭 부테린",
https://ko.wikipedia.org/wiki/%EB%B9%84%ED%83%88%EB%A6%AD_%EB%B6%80%ED%85%8C%EB%A6%B0

"비트코인 가격 비교 − 2008년 비트코인의 탄생에서부터 2018년 현재까지"
https://steemit.com/kryptotracks/@cryptodelic/2008-2018-1

"시카고상품거래소, "올 4분기 비트코인 선물 출시""
https://news.joins.com/article/22071132

"모네로"
https://namu.wiki/w/%EB%AA%A8%EB%84%A4%EB%A1%9C

"'리또속' 하던 사람들 다 어디 갔어?"
http://bizn.donga.com/3/all/20180114/88159123/2

"코인 리뷰 − 트론(TRON), TRX"
https://steemit.com/coinkorea/@rokyupjung/tron-trx

"시빌 공격(Sybil Attack)"
http://www.bitweb.co.kr/news/view.php?idx=290

"비밀키와 공개키"
http://www.bitweb.co.kr/news/view.php?idx=420&mcode=m659o6x

"정글만리"
https://ko.wikipedia.org/wiki/%EC%A0%95%EA%B8%80%EB%A7%8C%EB%A6%AC

"타이베이 시 관계자 'IOTA 기술 이용해 스마트시티 만든다'"
 https://www.blockinpress.com/archives/2152

"[혁신의 현장을 가다 | 로컬모터스] 자동차 제조에 오픈 이노베이션 도입"
https://news.joins.com/article/20988141

"퀀텀 CEO 패트릭 다이 '누구도 하지 않은 일을 시도하는 것이 혁신'"
https://tokenpost.kr/article-3005

"[김헌의 서양고전산책] '야누스의 두 얼굴'에서 배우는 지혜"
http://news.chosun.com/site/data/html_dir/2018/02/26/2018022602714.html

"삼성-애플 특허분쟁 요란한 시작 조용한 결말"
http://www.zdnet.co.kr/news/news_view.asp?artice_id=20180628092052&lo=zv41

"오미세고" https://namu.wiki/w/%EC%98%A4%EB%AF%B8%EC%84%B8%EA%B3%A0

"카르다노(Cardano:ADA)의 기본적 분석"
https://steemit.com/ada/@coduck/cardano-ada-1

"블록체인은 현재 어디쯤 와있나?"
https://charlespyo.com/2017/11/16/%EB%B8%94%EB%A1%9D%EC%B2%B4%EC%9D%B8%EC%9D%80-%ED%98%84%EC%9E%AC-%EC%96%B4%EB%94%94%EC%AF%A4-%EC%99%80%EC%9E%88%EB%82%98/

"네오(NEO) 저격글과 네오 블록체인 다운의 원인"
https://steemit.com/neo/@energist/crypto-focusing-neo

"뉴이코노미 무브먼트에 대해 알아보자. P2P 기반의 블록체인을 활용할 수 있게 하는 플랫폼! (NEM)"
https://steemit.com/kr/@hkmoon/p2p-nem

"스팀과 스팀잇에 대해 알아보자 About steem & steemit"
https://steemit.com/steem/@yoon/2yhtik

"사토시가 답변한다 길을 비켜라 8편 (IOTA)"
https://steemit.com/kr/@kim066/8-iota

"NEO (cryptocurrency)"
https://en.wikipedia.org/wiki/NEO_(cryptocurrency)

"Waves Platform"
https://en.wikipedia.org/wiki/Waves_platform

"EOS(암호화폐)"
https://namu.wiki/w/EOS(%EC%95%94%ED%98%B8%ED%99%94%ED%8F%90)

"Ethereum"
https://namu.wiki/w/Ethereum

"비트코인 캐시"
https://namu.wiki/w/%EB%B9%84%ED%8A%B8%EC%BD%94%EC%9D%B8%20%EC%BA%90%EC%8B%9C

"라이트 코인"
https://namu.wiki/w/%EB%9D%BC%EC%9D%B4%ED%8A%B8%EC%BD%94%EC%9D%B8

"비트코인 골드"
https://namu.wiki/w/%EB%B9%84%ED%8A%B8%EC%BD%94%EC%9D%B8%20%EA%B3%A8%EB%93%9C

"4000원 커피 수수료가 1만원.. 비트코인 천국서 결국 카드 썼다"
https://news.joins.com/article/22431702

"개미들 비트코인 수수료 인상 버틸 수 있을까"
http://www.hani.co.kr/arti/economy/finance/825161.html

"비트코인 질문과 답변" https://bitcoin.org/ko/faq#general

"지옥에서 불타길…비탈릭 발언이 쏘아올린 '중앙화 거래소' 논쟁"
https://www.bloter.net/archives/314710

"돈 탭스콧 대표 'ICO 금지, 블록체인 기술 발전 막는 일'"
http://www.venturesquare.net/758655

"골드만 삭스, 비트코인은 '사기'가 아니다"
https://www.the4thwave.co.kr/index.php/2018/05/03/btc05036/

"[서소문 포럼] 금지인 듯 금지 아닌 금지 같은 ICO 규제"
https://news.joins.com/article/22549100

"'블록체인 코리아 컨퍼런스 2018' 핵심 키워드는 'ICO 규제'"
https://tokenpost.kr/article-2955

"한국일보 : 경제 : 화폐전쟁… 달러 70년 아성 깰 수 있나?"
http://www.hankookilbo.com/v/fad55864703046ceb1170bfaaf2770e0

"오픈 소스 블록체인 플랫폼 ETH의 야망은 '월드 컴퓨터' 역할 하는 것"
https://www.coinpress.co.kr/2018/07/31/7882/

"쉽게 설명하는 블록체인, 이더리움이란 뭔가요?"
https://steemit.com/kr/@easyblockchain/2j22zq-1

"'비트코인 창시자' 사토시 나카모토, 그는 왜 사라졌나"
https://news.joins.com/article/22294686

"하나의 진짜 비트코인, 비트코인과 비트코인 하드포크의 역사와 논쟁"
http://blockchainai.kr/client/news/newsView.asp?nBcate=F1008&nMcate=M1001&nScat
e=1&nIdx=32959&cpage=1&nType=1

"세계 금융권력을 둘러싼 유대인의 음모"
http://premium.chosun.com/site/data/html_dir/2013/11/22/2013112202797.html

"Top 5 Bitcoin Conspirary Theories"
https://nulltx.com/top-5-bitcoin-conspirary-theories/

"사라진 5,300억 원 어치 비트코인 … '마운트곡스 파산'의 10가지 미스테리"
http://www.itworld.co.kr/news/86422

"[비트코인 개론] 〈1〉 사이퍼펑크와 사토시 나카모토 찾기"
http://decenter.sedaily.com/NewsView/1RY8PDOOYJ

"JP모건 CEO 넉 달 전 '비트코인 사기' 발언…후회한다'"
https://news.joins.com/article/22272382

"'비트코인 사기'라던 JP모건, 가격 떨어지자 대량 매수했나"
https://news.joins.com/article/21964077

"JP모건 '암호화폐 사라지지 않을 것'…비트코인 사기라더니"

https://tokenpost.kr/article-1480

"1984(TV 광고) - 나무위키"

https://namu.wiki/w/1984(TV%20%EA%B4%91%EA%B3%A0)

"금융권력을 파헤치는 책, 그들이 세상을 지배해왔다"

http://swancamel.tistory.com/56

제2차 코인전쟁

1판 1쇄 인쇄 2018년 10월 1일
1판 1쇄 발행 2018년 10월 15일

지은이 황태섭, 이현준
감　수 윤정우
펴낸이 박현
펴낸곳 트러스트북스

등록번호 제2014-000225호
등록일자 2013년 12월 3일

주소 서울시 마포구 서교동 성미산로2길 33 성광빌딩 202호
전화 (02) 322-3409
팩스 (02) 6933-6505
이메일 trustbooks@naver.com

값 16,000원
ISBN 979-11-87993-52-0 03320

믿고 보는 책, 트러스트북스는 독자 여러분의 의견을 소중히 여기며,
출판에 뜻이 있는 분들의 원고를 기다리고 있습니다.